LIFELONG
CAPITAL

奧里森·馬登 (Orison Marden) ── 著

路小嘉 ── 譯

U0061874

一生的資本

非凡出版

財富人生的奠基石

財富可以量化成數值，每個人的數值皆不同，有些人可以越活越富裕，另一些人則每況愈下，活得越來越不如意。你有沒有想過，是甚麼因素在背後影響着人們「財富」的高低起跌？那些富甲一方、財富有增無減的人，其競爭力到底何在？

能在商業領域呼風喚雨者，其實大有人在。他們都有一顆渴望財富的心，有一雙勤勞致富的手；他們眼觀六路，耳聽八方，不會輕易放過任何增加財富的機會；他們歷經磨難，練得一身金鐘罩、鐵布衫的功夫，不懼怕任何挫折和失敗，能固守其志，堅持到底；他們從小就知道，貧與富並非不可逾越的天塹，貧者能致富，富者能落魄；他們知道人的一生擁有多少財富，並非先天注定、不可改變的命運。他們知道如要在商業上獲得成功，便須磨練自我，累積經驗，不斷強化、完善自己。

本書作者奧里森・馬登自小便是孤兒，他的處境非常糟糕。他幾乎沒有任何財富基礎，也沒有甚麼親戚朋友向他伸出援手，他只能依靠自己，依靠堅強的心臟，依靠勤勞的雙手。他讓「自己」成

為自己「最大的資本」，結果成功了。他擺脫了貧窮，理解了財富為何物，更駕馭了財富。

馬登將自己的經驗和心得寫成一本又一本著作，與成千上萬的青年分享，協助他們累積財富，取得成功，結果備受美國各地人們歡迎，獲得許多經濟學家、管理大師認可。《一生的資本》是馬登的作品選集，有系統地輯錄了《成功的秘訣》（ *How to Succeed*, 1896）、《激發潛能》（ *Training for Efficiency* , 1913）、致勝關鍵（ *The Victorious Attitude*, 1916）、《美夢成真》（ *How to Get What You Want*, 1917）等書中的精華文章，讓讀者一目了然，更容易掌握馬登的論述，並一步一步累積自己的經驗、智慧、健康、毅力等成功的「資本」。

目錄

1

怎樣快速增長財富

—

一個人之所以不能富有，
往往是因為他充分相信自己沒有致富的能力，
更有失敗的念頭。

1.1_ 樂觀精神

身處逆境時，有人含笑面對，有人潰不成軍。

前者將是勝者為王，

因為他們是心理質素極強的人，能樂觀面對逆境，

走出煩惱只需要幾分鐘，具有成功的潛質。

　　但更多人屬於後者，困於煩憂，不能克服悲觀情緒，一遇到逆境便沮喪、失望，繼而停止奮鬥，不能重新面對生活。他們緊緊封閉心靈的大門，難以在憂鬱和煩悶中掙脫出來。這種人很難成功。

　　在社會上，鬱鬱寡歡、憂愁不堪的人，也是沒有吸引力的。我們面對憂鬱愁悶的人時，往往會減少和他交往，對他敬而遠之，這是因為人的天性喜歡快樂與陽光，而不喜歡鬱悶與陰沉。

　　恐懼、懷疑、失望等萎靡的思想，是致富的敵人，最容易

在你身處逆境時，摧毀你的意志，令多年的計劃功敗垂成，如同牆上的蝸牛，辛辛苦苦爬到半路，一失足便前功盡廢。

想從困境中突圍而出，便要先掃除自己的情緒和思想之敵，再集中自己的精力，堅定自己的意志。**做人不應被情緒所控，做情緒的奴隸，而應該控制情緒，做自己的主人。**無論身處的環境怎樣惡劣，我們都應該要正視它、改變它。

因此，當你心情鬱悶的時候，便不應糾纏於痛苦之中，以免心靈被憂鬱佔據。你應當努力改變當前的環境，多想快樂的事，努力為自己營造快樂融洽的氣氛，將悲傷的事情拋諸腦後。你可以從家庭生活中尋找快樂，享受和孩子們玩耍的樂趣。你可以在音樂中、談話中、閱讀中尋找志趣，讓心靈浸淫於笑聲之中，從中得到歡樂與鼓舞。你亦應該要以最平易近人、最和善友愛的態度對待他人，用愉快的語言、高興的情緒感染他人。

假如現實的壓力與煎熬讓你覺得痛苦，不妨走出寫字樓，離開喧囂的都市，徜徉於郊外的田野，享受一下自然風光，大自然會讓你放鬆。只要任何時間都保持樂觀開朗的心境，你就已經成功打開了迎接財富的大門。

其實不論做甚麼事，勇氣都是最重要的。我們要對自己有信心，要有樂觀的態度。當一個人從逆境走出來，踏上光明大道，就會信心百倍，勇往直前。

1.2_　發揚自信

很多優秀的人一路向前，
足跡所至，無往而不勝，
終獲成功。

　　很多優秀的人總是相信自己才華過人、精明幹練、無所不能，勝利盡在掌握之中。他們能夠改變並控制自己身處的環境，做任何事都不費吹灰之力。他們永遠樂觀，從不猶豫，對未來從不恐懼，當事業上遇到任何困難和障礙時，他們決不後退，自信憑藉卓越的才智，定能順利越過。他們彷彿是一切事物的主人、所有行動的發令者，即使「勝利」也要反過來追隨他們。

　　他們傲視群雄、征服一切，只知道做任何事都一定要成功，而且要做到盡善盡美。這一切都源於他們的自信 —— 堅信自己定能克服一切艱難與困苦，堅信自己能夠摘取勝利的

果實。

　　一個人之所以不能致富，往往就在於不能充分相信自己的能力，有失敗的念頭。若你想在社會上有所作為，首先要在心中樹立成功的信心。你要自信能夠征服一切，掃除任何阻礙，面對任何打擊，達到自己的目標。

　　自古以來，傑出人物之所以能夠成功，大都是因為有明智的父母、聰明的老師、誠摯的好友，在身旁鼓舞勉勵，讓他們無形中擁有一種神奇的力量，深具成功的信念。他們或許也有態度消極、遇到困難想退縮的時候，但當他們想起親友熱忱的鼓勵和殷切的期望時，便會立刻鼓起精神，再度努力拼搏。

　　因此，如果你是老師、父母，希望自己的學生或子女出人頭地，就應該盡可能培養他們擁有以下信念：「相信自己的能力，一定能成功。」你可以把孩子們比喻成一棵樹，告訴他們：「大自然孕育了你們，就是希望你們將來事業有成，長成世界上最高大的樹。」你要讓孩子們相信，他們毫不缺乏獲得成功的能力，足以建立豐功偉績。

　　友情最有益的不是金錢或物質上的互相幫助，而是彼此親切的態度、令人振奮的談話、真摯的感情、讚美和鼓勵。如能經常鼓舞勉勵身邊朋友，設法增強他們的意志和決心，激勵他們去爭取、把握機會，那麼便可以給予他們巨大的精神力量。這樣做不但可以使你的朋友受益無窮，你自己本身也會獲益良多。

　　請謹記以下原則：「確信自己必定成功」猶如替自己的精

神打了一針興奮劑，逼退遲疑、恐懼、彷徨這些阻礙你成功的「敵人」，讓希望、期盼與能力像電流一樣穿過自己身體，使你成為充滿希望、大有前途的人。

　　沒有人是天生的失敗者，也沒有人是天生的成功者，不過每個人天生都具備「成功」的條件，一切只取決於你是否自信的一念之間。自古以來有無數例子可以證明，沒有誰是命中注定要過窮苦生活的，每個人都有權享受生活和快樂。無論從一個人的生理、心理還是客觀環境看，人人皆為快樂而生，都有權享受一切幸福和財富。

1.3_ 創造機會

人不應該被命運掌控，

而應控制命運。

　　許多貧窮的孩子，儘管出身卑微，卻能開創偉大的事業，比如富爾頓（Robert Fulton）勤奮鑽研，終於發明了蒸汽船，成為美國著名的大工程師；英國的法拉第（Michael Faraday）沒有得到足夠的正式教育，一樣可以成為著名的物理學家；勝家（Isaac Singer）靠縫針和梭子，發明了縫紉機；貝爾（Alexander Graham Bell）亦用最簡單的零件，發明了電話。

　　在美國歷史上，最激動人心的故事便是個人奮鬥成功史。很多男女確立了偉大的目標，卻遇上種種艱難險阻，但他們沒有輕言放棄，而是以堅忍不拔的精神、以笑容來面對逆境，最終克服一切困難，獲得成功。許多出身十分平凡的人就是憑藉堅忍不拔的意志和努力奮鬥的精神，而取得空前的成功，躋身

於社會名流之列。

「缺乏機會」總是失敗者的藉口，但上述那些堅毅的人絕對不會承認「缺乏機會」就是現實。他們不會坐以待斃，更不會哀求親友，而是靠自己的勤奮努力，為自己創造機會。他們深知全世界只得自己，為能自己創造機會。

亞歷山大大帝在某次戰爭勝利後，被問到是否要等待恰當的時機，才進攻另一座城，結果勃然大怒道：「機會？機會要靠我們自己創造出來！」亞歷山大之所以偉大，就在於他深諳「自我創造機會」之道。現代社會也一樣，只有懂得創造機會的人，才能創立自己的一番事業。

你有看過林肯(Abraham Lincoln)的生平傳記嗎？如果你了解到他幼年時的處境和他日後的成就，會有何感想呢？小時候他家境貧寒，住在一間非常粗陋的茅舍裏，既沒有窗戶，也沒有地板。他彷彿生活在荒郊野外，距離學校很遠，又缺乏生活必需品，更遑論有報紙可讀，但他沒有放棄追求知識。他一天會跑二、三十里路，到簡陋不堪的學校上課；為了只借幾本書，他會跑一、兩百里路到圖書館，晚上就回家燃燒木柴，在微弱的火光下閱讀。林肯只受過一年的學校教育，但他在如此艱苦的環境中，依然頑強奮鬥，通過自己的努力，成為美國歷史上最偉大的總統，這就是世界上最完美的典範。

有人總會說「我缺少機會」，可是看看林肯這個生長在窮鄉僻壤茅舍裏的孩子，他憑甚麼入主白宮、成為美國總統？同一時代那些成長於圖書館和學校中的孩子，其成就反而大大不如他，這又如何解釋呢？再看看那些出生於貧民窟的孩子，他們的生活條件很差，但還不是照樣出了議員、大銀行家、大金融家、大商人嗎？那些大商店和大工廠，有很多不就是由「缺少機會」的窮孩子一手創立的嗎？

「機會」其實早就包含在每一個人的性格之中，猶如一顆橡樹種子，只要你願意給它灌溉，便能發芽，長成一棵橡樹。因此成功永遠屬於那些奮鬥不止的人，而不會降臨在一味等待機會的人身上。

如果你只會光等機會降臨，那麼經歷漫長的等待之後，「機會」未必登門，但個人的意志早已磨光；把機會寄託在別人身上的話，失敗的結局亦同樣只會在所難免。你必須牢記，機會不會憑空出現，完全須由自己創造出來。

有人認為機會是成功之門的鑰匙，有了機會等同穩操勝券，終必獲得成功，但事實並非全然如此。人們總會有好高騖遠的念頭，卻忽略成功人士都是從最簡單的工作做起，腳踏實地，一步一腳印，持之以恆，才終成大業。因此無論做甚麼事情，即使有了機會，也需要配合不懈的努力，才有望成功。

1.4_　擁有常識與良知

剛走進社會的年輕人如想出人頭地，
就非得有一筆「資本」不可。
這筆「資本」並非指任何形式的財富，
而是學問、健康、信用和常識。

學者在學術領域方面有很深的造詣，固然值得自豪，但在
應付各種各樣的實際困難時，他們的表現往往遠不及那些具有
豐富實踐經驗與常識的人。有一句德國諺語說得很好：「當你
仰望星空時，請別忘了屋裏的蠟燭。」

學者普遍都有偉大的理想，他們的想法往往具有一定的高
度，能夠從自然世界發掘真理。不過，如果他們缺乏常識，他
們的理想與發現就會對人類的實際生活毫無用處。世界上有很
多人就是因為輕視常識，平時也不對常識多加注意，結果在生
活和工作上便把事情做砸了，不過他們通常都不會自我反省，

甚至沒有認識到犯錯的原因，反而怪罪自己的運氣不好，最終永遠沒有進步。大發明家愛迪生（Thomas Edison）便曾說：「學術知識的作用只及常識的一半。」

常識之外，一技之長也是每一個人都應該必備的。在我們身邊，無數的青年都在努力尋找成功的機會，假如他們沒有一技旁身，即使拿着大學文憑，身邊有一幫有權有勢的親戚朋友，也無補於事。如果真想獲得良好的發展機會，最好還是要鍛煉好自己的實力。甚麼事都依賴別人，是很難取得成功的。

從當下起，你就要努力增加你內在的「財富」——健康的體魄、一往直前的氣魄、令人愉悅的態度，以及一絲不苟的品格。總之，你應該盡力培養自己的能力，累積各種知識、經驗和技能。**你雖然還沒有太多金錢，但你的「身心財富」必須充足，這是你走向致富之道的基本條件**。這樣，即使經濟蕭條或遭遇不幸，你也不會徹底失敗，而能安然渡過。

在待人接物中，別人能從多方面看出你是否有真才實學，比如你的眼神、你的談吐、你的工作業績、你對事情的誠意等。如果你的內心特別富有，你就會像一朵綻放的玫瑰那樣光芒四射，吸引每一個與你擦身而過的人，讓他們立刻感受到你的魅力。

許多年輕人一踏入社會，便想獲得成功，不惜以他所有的一切作為賭注，這真是一件可怕的事。一個人做事時，一定要顧及以後的需要，年輕人萬萬不能過度消耗自己的精力和體力。

有些青年的內心是很富有的，但他們不斷揮霍自己的才能，甚至誤入歧途，日日夜夜地糟蹋自己，甚至犧牲名譽、理智，以及最重要的成功因素 —— 人格，讓大好機會都白白錯過了。有才華的人不把這種內在的「財富」用於正途，簡直就是暴殄天物。

　　一個生氣勃勃、和善可親的人，為甚麼走到哪裏都會受到人們歡迎？這是因為凡是與他交往的人，都會感到輕鬆快樂。一個人只要擁有這種性格，內在的「資本」便會在無形中增加，這就是個人的「性格財富」。

　　你希望別人知道你有多少存款嗎？你希望別人知道你有多少股票、多少地產嗎？這些想法真是無聊。一個人只要有良好的品格與信用，時時刻刻都會有人注意你。人格是你最好的自薦信，你一生的前途都有賴於這封自薦信。

　　世界上最富有的人不是擁有金錢最多的人，而是擁有健康人格的人。百萬富翁和享有美好名聲的人相比，簡直是小巫見大巫。通過不擇手段發財致富的人，在善良誠實的窮人面前，也要無地自容。一個不學無術卻暴發橫財的富翁，在飽學之士面前，簡直會羞愧欲死。在年輕人的教育中，家庭和學校應該認真地告誡他們人格的偉大價值，否則，教育便沒有盡到它應盡的責任，就會給個人和社會造成不可估量的損失。

　　我們應該利用自己的時間和精力，去賺取利人利己的財富。

　　大多數人與人交往時，都不會以貌取人，只要你待人和

善，做事忠誠，言行坦白，不論你的外表如何，也會受到別人的真心歡迎。人類具有判斷力，偉大的人格足以感化所有世人。當我們遇到一個品格高尚、為人真摯、富有愛心的人時，崇敬之情也會油然而生。

年輕人剛踏入社會，便應該立志養成這種偉大的人格，讓它像燈塔一樣照亮四方。一踏入社會便整日鑽進金錢世界，妄想天降橫財，是年輕人的大忌。我們平時的言行舉止，必須建立在正確判斷力的基礎上，要溫和、不偏不倚，唯有如此，才能成功。

1.5_　不斷追求進步

一杯再乾淨的清水，放久了也會變質；

一間經營良好的商店，店主如果不定時改革、求進，

其生意終將會衰落；

一個人自滿自足之時，也就是他的事業由盛轉衰之始。

　　成功者的特徵就是不斷追求進步。他們害怕不進則退，害怕自甘墮落，因此總是自強不息、精益求精。事情只要一開展，他們便不會輕易放慢步伐，並會持續努力，一次又一次達到新的高度。

　　一個想成功的人，必須經常接觸外界，甚至與競爭對手保持緊密關係，定時觀摩其他店舖、商場、展覽會以及一切管理良好的機構團體，借鑒他人的管理方法。

　　美國芝加哥便有一個成功的零售商，他花了一週時間，

參觀國內各大商場。他在參觀中不斷思考，琢磨出改革自家商店的方法。那個商人說，在他研究過優秀同業者的經營管理方法後，他即時意識到自己的貨品擺設已經不能吸引顧客，自己員工的工作表現不認真，於是他開始大力整頓，調整櫥窗的裝飾陳列，辭退不盡責的員工，結果令店內的氣氛煥然一新。

他強調要使自己的店舖得以發展，唯一的方法就是使用嶄新的經營方法，這需要經常借鑒同行的做法，與同行積極交流。自此以後，他便每年都到東部旅行，專門研究幾家大規模商場的銷售、管理方法。他的商場經過幾番改進，已經和以前大不相同了。

人的血液要時刻更新，身體才得以保持健康。同樣地，人的思想也應該時常更新，吸收創意，事業才能日益發展起來，達至成功。只有才能出眾的人，才會領悟到時刻更新、追求進步所具有的巨大價值。也只有這樣，他們才能用客觀的態度，去學習別人的優點，彌補自己的缺陷，取長補短，以求改進。

如果墨守成規，一成不變，事業定必得不到發展。那些經常身處同一個環境的人，往往容易對現狀心滿意足，對存在的缺陷毫不察覺，視而不見，直至他們不得不離開「安全網」，置身於全新的環境，才發現自身的不足。他們不思求變，不求更新，必定走上失敗之路。

一日之計在於晨，我們每天一覺醒來時，都應該下定決心：今天要將工作做得更好一些，要比昨天有進步，放工時要把一切安排得都比昨日更好。如能持之以恆，事業一定會突飛猛進，財富也會隨之驟增。

　　我認識一個人，他在事業起步時常問自己：「今天我應該從何入手，改進我的工作？」他把這句話作為座右銘，時刻鞭策、激勵自己，結果他的辦事能力得到大幅度提高，一般人難以所及。他的事業沒有粗製濫造、雜亂不堪或半途而廢，每一件事都能圓滿地完成。

　　如果大家每天都問自己：「今天我應該從何入手，改進我的工作？」，並加以實踐，事業必定突飛猛進。

　　假如你是僱主，你不斷改善工作習慣、前進的精神，將極具感染力，令員工也自動自覺地每日持續改善自己，你的事業定必獲得更強而有力的支持。

　　許多人經常都有錯覺，認為「改革」意味推倒重來，先破後立。其實「改革」的唯一秘訣，乃是大處着眼，小處着手，只有不斷追求改進，才能收到成效。

1.6_　持之以恆

決定做任何工作前，

都必先充分地了解自我，了解哪份工作有足夠空間，

讓自己的潛能得以發揮，如此便能開掘一條通往成功的道路，

否則，你永遠不會成功。

　　請你認真地審視自己，了解自己的體格、知識、特長、才能和志趣，再看看你自己的性格、能力是否適合現有的工作。如果你的答案是「是」的話，那麼就請你不要再猶豫不決，朝秦暮楚，費盡心機地去另謀高就，而要立定志向，集中精力做好目前的工作。如果你的結論是現在的工作已經不再適合自己，認為轉工後的處境一定比現在更好，那麼就請你當機立斷，馬上辭職。

　　想要獲得成功，必須具備兩項重要的條件：一為堅定，二為忍耐，這兩項因素就是「決心」這個銀幣的兩面。決心是最

有價值的美德，擁有鋼鐵一般堅定決心的人，能力往往能夠得到酣暢淋漓的發揮，無形中便能給予他人保證，事情由他來做，一定會堅持到底，讓人相信成功就在不遠處。

一般來說，人們最信任那些意志堅定的人。舉個例說，一位建築師設計好藍圖後，如果能完全依圖則一步一步施工，一座理想的大廈很快就會拔地而起；倘若這位建築師一邊施工，一邊把圖則改個不停，那麼大廈還能蓋得成嗎？由此可見，做任何決定固然要考慮周詳，但下定決心後，就千萬不要再動搖了，要按照既定的計劃腳踏實地辦事，不達目的便誓不罷休。

唯有堅定不移的決心，才能戰勝所有困難。有決心的人即使遭遇困難、障礙和挫折，亦容易獲得別人幫助，原因是他們即使最終失敗了，也不會敗得一塌糊塗，從此一蹶不振，令別人對他仍抱有信心：「這個人他日定必重新振作。」我們便經常聽到意志堅定的失敗者備受關心：「那個人還在奮鬥嗎？那個人的前途還沒有絕望吧？」

只要有堅定的意志力，即使才智一般的人，也會有成功的一天；否則，驚世奇才也會難逃失敗的苦果。

許多人之所以沒有獲得事業上的成功，並不是因為能力不夠，誠心不足，沒有成功的野心，而是缺乏足夠堅定的決心。這種人做事不專心、懶散、缺乏毅力，往往有始無終，馬虎了事。他們總是懷疑自己的能力，是否能夠成功，總是在猶豫應該從事何種職業。有時他們認定對某種職業有絕對成功的把握，但稍微嘗試之後又覺得還是轉行比較妥當。他們有時安於

·

現狀，有時又好高騖遠，最終難免要接受失敗的結局。

　　沒有人願意信任、支持決心不足的人，因為大家都知道他做事不靠譜，隨時都會半途而廢。這種人連對自己做的事也毫無把握，又怎能要求別人給予肯定、信任與支持呢？世界上任何一個優柔寡斷的人，都不可能獲得成功。

　　許多年輕人失敗的原因就是缺乏決心和恆心。他們都擁有才學，具備成就事業的能力，但他們都有致命的弱點，就是缺乏恆心，沒有忍耐力，在奮鬥過程中，稍遇困難與阻力，他們就立刻往後退縮，止步不前。這樣的人很難獲得成功，結果終其一生，碌碌無為。

　　成功之道除了永不言敗、百折不回，便別無他法。**如果你想獲得成功，就必須為自己贏得意志堅定、有忍耐力、頭腦靈活、做事果斷的良好聲譽，讓周圍的人對你的能力有深刻的了解：「一件事只要到了你的手裏，就一定能成事。」**只要擁有良好名聲這項「財富」，不論你走到哪裏，你都能找到一份合適的好職業。相反，如果你自輕自賤，苟且偷生，一味依賴別人，那麼生活便會無情地拋棄你，別人也會對你不屑一顧。

　　年輕人致富最應具備的品格，除了「決心」之外，便是「勇氣」。有勇氣的人做事經得起挫折，所以一樣很容易獲得他人的信任。「決心」固然重要，但有時會因力量不足、能力有限而受阻。這個時刻，唯有「勇氣」能夠幫助我們。

1.7_ 學會放棄

里維‧莫頓（Levi P. Morton）最初只是一個布商，
但他捨得放棄一手創建的事業，
毅然晉身銀行金融界別，成為傑出銀行家，
更於 1889 年躋身白宮，成為美國副總統，名噪一時。

莫頓 1893 年接受訪問，被問到當初突然轉行、由一個布
商變為銀行家的原因，莫頓表示那完全是因為讀到美國
思想家愛默生（Ralph Emerson）著作中的一句話：「假如一
個人因為擁有某項專長，而被其他人所需要，他走到哪
裏都不會被埋沒。」

莫頓憶述當初經營布料生意，業務雖然平穩，但由於獲
得愛默生的啟發，最終決定放棄穩定的收入，轉為創
辦銀行：「愛默生的話令我仔細思考，分析當下社會環

境 —— 當時人們的生活起居、生意買賣，處處都需要金錢，所有商人都需要向銀行貸款周轉，我也不例外。於是經驗就告訴我，銀行業將會是各行各業中需求最大的一個。萬事開頭難，開始時我需要四處去找貸款人，後來，許多人就開始主動來找我了。」

成功者始終是少數，不知有多少人因為做了不適合的工作，而遭到失敗。這些失敗者中，很多人做事都很認真，按理來說應該能夠成功，但實際卻一敗塗地，這是為甚麼呢？**這是因為他們沒有勇氣放棄耕種已久、但荒蕪貧瘠的土地，沒有勇氣另覓肥沃多產的田野。**隨着光陰消逝，他們也消耗了大量精力，最後落得兩手空空，但他們仍然不明白為甚麼會失敗，於是繼續糊裏糊塗地過日子。他們完全沒有意識到，由始至終他們都在幹着不適合自己的工作。

當你全情投入一項事業，但一直沒有取得進步，看不到一點成功的希望，你便應該自我反省，考慮一下自己的興趣、目標、能力，看看自己究竟是否選擇錯了工作。如果發現選錯了，就應該及早回頭，去尋找更適合自己的、更有希望的職業。

改變方向並不容易，在你重新確定目標前，一定要慎重考慮，不可以三心兩意，但切記要當機立斷。美國西部有一位著名的木材商人，他堅持做了 40 年的牧師，卻無法成為其中的佼佼者。他再三考慮，重新分析了自己的優勢和弱點，最後更改

目標，開始經商，從此一帆風順，最終成為全國有名的木材商人。

　　一個人如果因為選錯了職業，而無法充分發揮自己的才能，猶如一顆本來可以開出參天大樹的種子，卻被掉進陰溝中，結果連發芽的機會也沒有，是一件非常可惜的事。

　　這些錯誤並不是完全沒有機會糾正的，只要他能夠意識到問題的存在，亡羊補牢亦為時未晚，仍然有機會重新開始的。只要找到正確的方向，就會有脫胎換骨的感覺，生活和思想都煥然一新，這樣就完全有機會邁向成功。

1.8_　重視「今天」

在我們活着的所有日子中，
「今天」是最偉大，
亦最值得珍惜。

　　人類的歷史，好比滾雪球，一代一代，越滾越大，而「今**天」就是人類歷史的總匯，是歷代發明家、創造家、思想家、革新家傑出貢獻的總結，是歷代精華的倉庫，「今天」即是過去的種種成就與進步的累積。**「今天」的青年，與 50 年、100 年前的青年相比，真是太幸福了。「今天」普通民眾所享有的舒適與自由，早已更勝於 100 年前的帝王。

　　但是「今天」總有人會慨嘆生不逢時、今不如昔，以為過去的時代都是黃金時代，深信只有「今天」最糟糕。這真是大錯特錯！其實「昨天」和「明日」都是無關緊要的，最重要的永遠都是「今天」的生活。活在當下，便應和「今天」的社會保持

接觸，絕不能做空想家，把過多的精力用來懷緬過去，幻想將來。

不陶醉於過去與將來，重視「今天」的生活，才不會喪失「生活」的樂趣，盡享幸福。不要因為明年今日的預算，而輕視當下，踐踏「今天」腳下的玫瑰。你「今天」所穿的衣裝，已是一生人中最華美的衣服；你「今日」居住的房屋，已是你最快樂、最甜蜜的居所。

這並非鼓勵人們不去計劃將來、放棄追求更美好的將來，**而是提醒人們不應該把太多的注意力放在將來不可預測的事情上**。一味期望「明天」，往往便將「今日」的快樂、機會與享受一併錯過了。

年輕人初初投身社會工作，很容易便會把自己淹浸在未來的想像裏，容易對「今天」的生活生厭，對「今天」的工作失去興趣，令「今天」的心情也受影響。假如你不虛耗精力去追悔過去的錯誤，空想將來的種種舒適與自由，而是腳踏實地、認真過着「今天」，你的生命定必會更成功、更完美。

真正的快樂其實就蘊藏在人們生活的每一天裏。

2

財富路上的七大障礙

—

消極、過於敏感、缺乏親和力、頹廢、意志不堅定、
做事不果斷,以及心有旁鶩,
都會阻礙你在財富之路上邁步向前。

　障礙一：消極

「做一天和尚，便敲一天鐘」、「得過且過」、
「只要不掉飯碗就行啦」這樣的說話，
常出自那些頹廢年輕人的口中。
他們已經承認自己人生的失敗，
根本不奢望「進步」與「成功」了。

　　亦有些年輕人常常這樣想：「為甚麼非要做一流人物不可？
我安分於只做二流角色。」他們不明白任何公司、機構都永遠
只希望一流人物為自己服務，二流人物就像二流商品，只有在
一流人物缺席時，才能派得上用場。年輕人有這種想法，是非
常愚蠢的，**只有如同滯銷劣貨般不為人所需、不被各行各業重視
的人，才會懷着這種心理，令他們無法躋身一流行列。**

　　世上有太多人，一旦遇到必須由他們負責的事，便習慣性
地躲開，恨不得立刻就有人伸出援手，幫助他們，結果在不知

不覺間，他們便糟蹋了自己的潛質和才幹。這些人得過且過，懈怠懶惰，在他們眼裏，世上所有好位置、一切有前途的事業，都已人滿為患，這是他們自甘懦弱的藉口。的而且確，像他們這樣懶散成性的人，無論去到哪裏，都沒有人需要他們。各行各業需要的是那些勇於負責、努力奮鬥、有主見的人。

年輕人，請重新振作起來吧！請提起精神，積極的態度能夠使你的生活充實起來，讓你重拾無窮的樂趣。在工作中，你必須全力以赴，因為所有的工作都可以增加我們的經驗，提高我們的技能。在工作中，每天都要使自己的能力有所進步，經驗有所累積。如果你能振作起來，持之以恆，不久後你將會對自己的生活有實質改觀。如果不振作精神，做甚麼都不會成功。

只有那些有目標、有毅力、有抱負、不畏艱苦、熱忱滿懷的人，才能獲得成功。世界上沒有一件豐功偉績，是由安於現狀的人煉成的。

試想想，如果畫家作畫時不夠專注，懶散地東塗一筆西抹一劃，他怎能創作出傳世傑作，成為名留青史的藝術家呢？同樣地，如果詩人、作家、科學家對自己的創作、研究都敷衍了事，他們能寫出千古流傳的好詩、鑄成眾口傳頌的名著、突破科學領域，繼而造福人群嗎？他們會獲得成功嗎？

美國著名報人霍勒斯·格里利（Horace Greeley）曾說，要把事情做得完美，判斷力和熱誠缺一不可。一個生氣勃勃、目標明確、細心審慎的人，會全力以赴向前邁進，勇於接受任何挑

戰。他們從不認同「混日子」的生活態度，他們要求每天都要生活得充滿活力，有嶄新的挑戰，然後按部就班，取得進步。他們知道目標永遠在前方，因此不會計較過去的得失，而致力追求自己每天都要有所進步。

作曲家兼小提琴家奧里‧布爾(Ole Bull)的故事就是最好的例子，他的音樂就好像微風送來的陣陣花香，使聽眾忘掉了一切煩惱。那麼他是如何獲得成功，成為一代音樂大師的呢？在他小時候，雖然貧窮與疾病纏身，他父親也強烈反對他學小提琴，但是布爾並沒有放棄，並以學習的熱誠和專心致志的態度，粉碎一切障礙，成為了舉世聞名的大音樂家，所有聽眾無不為他那優美的小提琴演奏所傾倒。

社會競技場中的失敗者無法躋身一流行列，原因有很多，有的受環境影響，自幼生活在複雜環境中，不自覺便沾染上不良習慣，難以改變；另一些則缺乏良好教育，或沒有接受過為人處世的訓練。

但社會中的「成功者」亦非每個人都靠個人實力，而做出成績。**富商把自己毫無才能的孩子安置在自己的公司，職位高人一等，其手下都比那個「二世祖」努力、擁有更豐富的經驗，這樣的情況便經常發生。假如那個孩子稍有自知之明，他會怎麼想呢？他一定羞愧難當。**他的心裏一定非常清楚，他現在僅僅是

因為父親的關係，才能霸佔高位，自己幾乎是不勞而獲。事實上，他的位置應該由在商界工作多年、精明能幹、富有經驗的人所取代。只要他察覺到這點，他便會覺得自己的尊嚴受損，在公司無法挺直腰板做人。

如果你是因為父蔭才獲得一份工作，你一定會覺得工作非常乏味，不能產生很大興趣。如果你現有的一切毋須經過自己的努力去爭取，你的感覺一定非常糟。

唯有靠自己的奮鬥，克服重重艱辛與困難，一個人才能獲得財富、成功、他人的信任與尊重，才稱得上是真正的光榮。

請謹記：只有靠自己努力而獲得的財富與成功，才不至於毫無意義、毫無價值。

2.2_　障礙二：過於敏感

許多人都有一種過敏的奇怪心理，

一看見陌生人就想趕快躲開。

這種過敏的心理是成功的障礙，

若不能克服，就很難有成功的可能。

　　世上有許多人便是因為神經過敏，而陷入人生困境。

　　在我認識的年輕人中，有許多接受過高等教育、有正當的職業，他們只是因為神經過敏，便無法忍受別人的批評和勸告，導致他們白白錯失發揮個人潛能的機會。這種人常常會因為很小的、微不足道的小事而悲痛欲絕，每時每刻都對別人懷有疑心，對他人無意的行為作種種揣測，到後來不但導致自己的心情總是不好，亦大大影響到自己的工作效率。「因為神經過敏而走上自殺之路」是報紙上曾經刊載的悲劇。

一個女孩小時候家境富裕，生活快樂無憂。父親去世後家道衰落，年輕的女孩為了自己和母親的生活，不得不去工作，於是進入紐約一個商行做速記員。平時她的工作都很努力，但嬌生慣養的習慣釀成她一個很致命的弱點：神經過敏。因為生活窘迫，她無法打扮自己，結果怕別人笑話，處處閃躲，努力避開那些衣着時髦的女同事，變成「怪人」。

有一天，有一名男同事問她：「你為甚麼不像別的女同事一樣打扮自己呢？」她聽後極之痛苦，抱頭痛哭，神經過敏也越發嚴重，因此丟掉了工作。終於有一天，絕望的她買了一瓶農藥，在悲傷中結束了自己年輕的生命。

神經過敏的人就像蝸牛一樣，一遇刺激，便立刻收縮，封閉自己。他們或許因此而找不到工作，有工作亦做不長久，甚至導致事業衰敗。

神經過敏的教師稍被家長、學生、學校責難，就會坐立難安。文人、作家亦常因神經過敏，而遭受無謂的煎熬。有一名評論家不僅神經過敏，而且易怒，無論在哪裏工作都做不長，他一見到或聽到別人反對他，便難以忍受；如果有人對他的工作提些意見，他便立即引以為奇恥大辱。很多學問極好的牧師，亦因為神經過敏，總覺得信眾裏有人說自己的壞話，詆毀自己，結果難以安心工作。

一個神經過敏的人時刻都會覺得別人正在注意他，彷彿別人所說的話、所做的事都與他有關。他錯誤地認為，任何人都在談論他、監視他或恥笑他。但實際上反而是他總在注意別人，而別人卻從未注意過他。

神經過敏的人通常都具有良好的品格、遠大的抱負和淵博的學識，如果他們能克服神經過敏這種毛病，必定可以成就偉業。

神經過敏往往會成為阻礙個人發展的可怕毒瘤，它容易使人養成其他種種惡習，比如妄自尊大、矯揉造作等；神經過敏者還常常自我欺騙，把瑣碎的小事放大，結果自尋苦惱。毫無疑問，神經過敏是一種嚴重的缺陷。

神經過敏會讓人失去愉快和健康，也是自尊心的敵人。聰明人都應該避免這個毛病，要時時保持身心健康、頭腦清晰，要努力塑造自己的人格，重建自信心。

治療神經過敏需要一個過程，可以嘗試多與別人交往。與別人交往時，你不要在意自己內心的那些細微感受，要尊重交往者的才能與學識。堅持下去，你就可以慢慢醫治這個心理頑疾。

美國大主教華特里從前也有神經過敏和怯懦的缺陷，每天都覺得有人在注意他，在對他品頭論足，因而時刻為之苦惱。但後來他忽然醒悟，下定決心不再理會別人對他的評論，不久後他的神經過敏就痊癒了。

要醫治神經過敏，首先要有堅定的自信心，要堅信自己是一個誠實、能幹、守信的人。這種自信心一旦形成，就很容易克服心理怯懦、猜忌的毛病。

2.3_ 障礙三：缺乏親和力

一些學識淵博、才華過人的人總感到奇怪：

為甚麼自己總是爭取不到好的位置？

其實他們不明白，

缺乏親和力已經成了他們成功道路上的最大阻力。

　　沒有僱主會喜歡那些行為粗魯、無精打采的員工，他們喜歡的是做事敏捷、生氣勃勃、令人愉悅的人，而那些浮躁不安、吹毛求疵、惹是生非、為人刻薄的人，則永遠不會受歡迎。因此，一個脾氣古怪的人即使本領再大，他的發展空間也是有限的。

　　在年輕人的發展道路上，良好的氣質、優雅的風度對他的未來，會產生非常有利的積極影響。誰都樂意與一個有風度的青年交往，而不會願意和脾氣古怪的人打交道。人生在世，我們應該嚮往快樂和舒適，而不是冷酷與煩惱。

阻礙個人事業發展的往往不是甚麼人人關注的大事，有時反而是那些不容易引起注意的小事，例如個人性格。不懂謙恭、狂妄自大的人，不但在事業上容易失敗，還會因此而喪失很多生活中的樂趣。

　　很多人在無意中養成了不夠謙遜、妄自尊大的習性，以致阻礙了他們的成功。如果你渴望成功，就要時時刻刻進行自我反省，克服那些妨礙自己的陋習。每一個人都應該把所有對成功不利的壞習慣記錄下來，並改掉舉止慌亂、行走無力、急躁不安、言語尖刻等不良習慣，以免事業受阻。

　　當你發現自己確實有某些不良的習慣時，你要勇於承認，不要找藉口推搪，要努力將這些不良習慣逐一改正。若能持之以恆，你必然會有所收穫。

2.4_ 障礙四：頹廢

一個年輕人如果精神萎靡，

臉色就會毫無生氣，身軀就會軟弱，行動就會拖沓，

予人做事一塌糊塗、「風一吹就散」的印象。

「萎靡不振」是世上最普遍、也最難醫治的毛病，

它常常使人完全陷入絕望。

　　年輕人一定不能與頹廢、沒志氣的人來往。一個人一旦染上這種壞習氣，即使後來痛改前非，他的生活和事業也必然會受到很大的衝擊。一個萎靡不振、毫無主見的人，說話吞吞吐吐，想問題總是猶豫不決，遇到甚麼事情都習慣性地「先晾在一邊」。更可悲的是，他並不自信能創一番事業。

　　遲疑不決、優柔寡斷對成功有極大的傷害。優柔寡斷的人遇到問題時，往往瞻前顧後，莫衷一是，不到最後一刻，絕不作出決定。久而久之，他就失去了當機立斷的能力，也喪失了

自信，其他原本具備的各種潛能，也會慢慢退化。

那些意志堅強的人習慣當機立斷，凡事有主見，並且有很強的自信心，支持他們堅持己見：凡是自己認為是正確的，就必定會大聲說出來；凡是他們相信有能力做到的事，就必定努力去做好。與這樣的人相處，你一定會感受到他的精力充沛、處事果斷與果敢。

有一個叫《小領袖》的故事，描寫一個凡事優柔寡斷、遲疑不決的人，從小就想砍掉附近一棵擋道的小樹，卻一直猶豫不決。隨着時間流逝，他變成了老人，兩鬢已斑白，但前路依然被阻擋，從前的小樹更已長成了大樹。

還有一個藝術家，他一直對朋友們說，要畫一幅聖母瑪利亞的肖像，但他只是整天在腦海裏想像畫面的佈局和配色，翻來覆去，總覺得這也不好，那也不妙。為了構思這幅畫，他荒廢了其他所有的事情，但是直到他去世，那張他日夜構思的「名畫」還是沒有問世。

要給別人留下好印象，千萬不能遇事猶豫不決、優柔寡斷、與人交往無精打采。這樣的人無法獲得別人的信任與幫助，不能取信於他人，難以成功。只有那些精神振奮、踏實能幹、意志堅定、富有魄力的人，才能在別人心目中樹立良好的形象。

　　　　　　　　　　　　　　　　　　一生的資本

那些在城市的街頭巷尾到處漂泊、居無定所、食無着落的人，他們都是生存競技場上的失敗者，是那些賦魄力、有決心的人的手下敗將。就是因為他們提不起精神，沒有堅定的意志，所以他們的前途才暗淡。他們的現狀又使他們失去再度奮起的勇氣，彷彿他們唯一的出路就是到處漂泊、四處流浪。

　　青年因為缺乏遠大的目標和正確的思想，所以最容易缺乏勇氣，不能振奮精神，不敢努力向前，結果一味地頹廢，淪落到自暴自棄的境地。久而久之，自暴自棄也養成為習慣，他們從此不再有計劃，不再有目標，不再有希望，即使別人好言相勸，要他們重新振作，也是難上加難。

　　在白紙上寫字容易，擦去卻很難。給一個初出茅廬、熱血沸騰、雄心壯志的青年指引一條正確的道路，是容易的；想改變一個屢經失敗、意志消沉、精神頹廢的人的命運，就難過登天，因為他們彷彿失去上進的力量，活着猶如行屍走肉，對生活的所有希望亦都破滅，再也沒有重新振作的精神和力氣了。

　　不過，如果那些可憐的人能徹底反省，再覓得一個切實可行的目標，下定決心，並持之以恆，那麼他們的前途仍不失光明。

　　其實，世界上很多失敗者，他們的一生都沒有甚麼太大的**過錯，只是由於自身弱點太多，懦弱又無能，結果做事總是半途而廢。只有堅強的意志，持久的忍耐力，敢作敢為的決斷力，才能使他們脫離失敗的苦海。**

2.5_　障礙五：意志不堅定

人在情緒陷入低潮的時候，因為分析能力受到影響，
所以容易做錯決定，走入歧途。
這個時候千萬要避免處理重要問題，
更不要決定事關自己一生的大事。

　　當一個人精神遭到創傷時，他情緒低落、需要撫慰，是不
適宜考慮任何問題的。女孩子因為極度悲傷，而毅然下嫁自己
根本不愛的男人，這種例子便屢見不鮮。

　　還有一些想自殺的人，其實他們心裏清楚自己日後一定能
夠從目前的痛苦中脫身，但當他們的心靈與身體遭受極大的煎
熬時，便會失去理智，作出不正確的抉擇。有些男人在事業暫
時受挫時，沒有堅持，便輕易地宣告破產了事，其實只要他們
繼續努力，是可以成功的。

　　在絕望和沮喪時，堅持做理智、樂觀的人，難度是很高，

　　　　　　　　　　　　　　　一生的資本

但正正可以考驗成功者的真本色。當一個人諸事不順，所有人都認定他不能夠成功、沒必要再堅持下去時，這個人偏偏沒有動搖，依然堅持不懈，繼續努力工作，便能充分顯示出他的毅力。

有一些年輕的作家、藝術家和商人，他們在事業上稍有挫折，便立刻放棄，轉行做一份根本不適合自己的工作。結果他們對新的職業也同樣失去興趣，想放棄但又擔心重操故業會被人嘲笑，最後只能得過且過，渡過餘生。

當遇到挫折時，懦夫會說：「做這件事，既看不到成效，也沒甚麼用處，還是回家去享清福吧！為了工作而犧牲那麼多，實在太不值得了！」

有些年輕人會受到這種觀念的蠱惑，意志開始動搖，結果稍有挫折便放棄。有許多學醫的年輕人，因為覺得解剖學與化學很艱辛，又討厭實驗室裏的環境，便輟學回家，打消了做醫生的夢想；有一些年輕人學法律，讀到艱深、複雜的部分，便喪失信心，輟學回家；有一些年輕人出國學習音樂和藝術，也經受不了挫折和思鄉之痛，最終輟學回國，但回家之後又為自己意志不堅而後悔不已。

那些放棄了自己工作的人並不知道，其實只要再堅持一下，自己就會贏得光明，就會獲得成功。那些人因為缺乏勇氣，遇到困難便繞路走，所以注定要失敗。

一個人想成功，便必須做到「別人放棄我堅持」、「別人後退我前進」，即使困難重重，自己還是要努力。「少壯不努力，

老大徒傷悲」，生活中有許多人到了老年，才發現自己壯志未酬，才開始悔恨自己年輕時的意志不堅。他們常說：「如果當初遇到挫折時，能堅持下去，恐怕現在也不至於一事無成了。」

當一個人的大腦一片混亂時，最容易作出糊塗的判斷、糟糕的計劃；當一個人在恐懼和失望時，是不會有獨到見解和正確判斷的。正確判斷的基礎是健全的思想，健全思想的基礎是清醒的頭腦、愉悅的心情。因此，無論前途怎樣暗淡，心情怎樣低落，當你要決定重大事情時，一定要保持樂觀開朗的情緒；關係到自己一生前途的問題時，更要選擇在身心最快樂、思路最清晰時才決定。

2.6_ 障礙六：做事不果斷

那些擁有巨大創造力、非凡經營能力的人，

在社會上最受歡迎，

因為他們維繫着人類的希望，

充當了人類的開路先鋒，

促進了人類的進步。

「巨大創造力」和「非凡經營能力」，

往往和決斷能力有關。

　　成功者做任何事情，往往都能駕輕就熟，水到渠成，這是因為他們當機立斷，把握良機。他們頭腦清晰，判斷力強，考慮清楚事情後，就會制訂周密計劃。一旦作出決定就全力以赴，勇敢果斷地實行計劃，絕不猶豫、懷疑。他們做事極有主見，絕不糊裏糊塗，投機取巧，更不會一遇挫折便撤退，使自己的事業前功盡廢。

在造船廠裏有種非常強大的機器，它能輕易地把一切廢銅爛鐵壓成堅固的鋼板。使命必達的人便和這部機器一樣，他們具有出眾的能力，做事異常敏捷，只要他們決心去做，任何複雜的難題到了他們手裏，都會被輕鬆解決。

英國的基欽納將軍（Horatio Herbert Kitchener）是一個很好的例子。他是一位沉默寡言、態度嚴肅的軍人，一旦制訂好計劃，確定了作戰方案，就絕不會動搖。在著名的南非波耳戰爭中，他率領軍隊不動聲色地出發，下令要預備一輛火車、一隊護衛及一批士兵隨行，除了他及其參謀長外，誰也不知道部隊開赴的目的地，亦沒有通知沿綫各驛站，結果卻威猛如獅，立下赫赫戰功。

戰爭其中某一天的早上六點鐘，基欽納突然現身城中一家旅館，翻閱這家旅館的旅客名單，發現幾個當值軍官擅離職守。他闖進那些違反軍紀的軍官的房間，一言不發地遞給他們一張紙條，上面寫着他的命令：「今天上午十點，專車赴前綫；下午四點，乘船返回倫敦。」基欽納只需用一張小紙條，就整肅了軍紀，軍官們再怎麼解釋都沒有用。

這位馳騁沙場的百勝將軍，是渴望成功的最好典範！基欽納將軍做事專心致志，富有創見，經驗豐富，又有很強的判斷

　　　　　　　　　　　　一生的資本

力。他為人機警，反應敏捷，遇到機會就能牢牢捉住，充分利用，待人又誠懇親切，非常自信。無論碰到甚麼事，他都能冷靜面對，保持無比堅定的意志，自然馬到功成。

目標明確、胸有成竹的人，猶如備戰的將軍，必先仔細研究地形、戰略，然後才擬定作戰方案，發動進攻。他們絕不會把自己的計劃拿來與人反覆商議，除非他們遇到了見識、能力等各方面都明顯比自己高的人。

缺乏判斷力的人，往往將精力消耗在猶豫、遲疑中，他們通常很難下定決心，做事不能善始善終。他們的一生大部分時間都在徘徊，這種人即使擁有其他勝人一籌的條件，也永不會獲得真正的成功。

有些人最終無法成功，並不是因為他們缺乏幹一番事業的實力，而是他們的決斷能力太差了。他們好像不能自主、自立，非得依賴別人不可，即使遇到一丁點微不足道的事，腦袋也會一片空白，得四處奔走，詢問別人意見，但越和人商量，越拿不定主意，最後不了了之。

年輕人最容易染上的陋習，就是前怕狼、後怕虎，左右思量，沒有能力做決定，更遑論付諸行動。有時事情明明已經考慮周全、詳細計劃好，但仍然猶豫不決，讓念頭越積越多，結果令自己變得越來越沒有信心，耗盡精力亦未能扭轉完全失敗的結局，最後只懂按部就班地聽從別人吩咐，做別人已經安排妥當的事。

渴望成功的青年，一定不可染上優柔寡斷、遲疑不決的壞

習慣，要培養堅決的意志。我們做每一件事前，應先進行仔細分析和思考，才能對事情作出正確的判斷；一旦主意已定，就不應有任何疑慮，不要顧慮別人指手畫腳。只要集中注意力，全力以赴就可以了。即使遇到任何困難與阻力，犯了任何錯誤，也不應懷疑自己，更不應半途而廢。**每個人都難免會犯錯，但不能因此灰心喪氣，應該把困難當教訓，把挫折當經驗，要堅信自己定必能夠順利渡過難關，這樣才能大大增加成功的希望。**如果你在作出決定後，還心存疑慮，反覆思量，猶如陷自己於沼澤中，那麼永遠不能到達成功的終點。

決斷的人獲得的發展機會，永遠比那些猶豫不決的人多很多。因此，請你盡快拋棄那些遲疑不決、左右思量的不良習慣吧！這種習慣會使你喪失決斷能力，白白消耗你的精力。

為了作出正確的判斷，我們在任何環境、任何情形下，都應該保持頭腦清醒。在別人不知所措、做着可笑的事情時，只有保持冷靜，才能成為真正的傑出人物。

頭腦清晰的人，不會因為事業成功而陷於驕傲輕狂，不會因為環境改變而動搖意志。經濟上的損失、事業上的失敗等艱難困苦，都不能使他慌亂。

無論何時何地做任何事，都應該做好充足的心理準備，當眾人都慌張失措，獨你一人鎮定自若，你便具備很大優勢。這個社會只有那些處事鎮定、經得起大風大浪的人，才能應對大事，成就大業，擔當大任。那些遇到困難就打退堂鼓、情緒不穩、缺乏自信、沒了主意的人，是懦夫，是難堪大任的，只能

接受碌碌無為的結局。

很多機構的老闆為了自己企業的穩步發展，都會傾向依賴辦事鎮定、判斷準確的員工。當他們挑選人才時，員工的業績並非他們的唯一考慮條件，頭腦是否清晰、性情是否敦厚、判斷力是否健全反而更為重要。很多人之所以驚訝於一些實力平平、業績一般的人居然能夠擔當重要職務，就是不明白老闆擇賢的心態所致。

風浪再大，波濤再洶湧，都無法摧毀轟立在大海裏的冰山。冰山之所以永遠巋然不動，是因為它有接近八分之七的體積，都埋藏在海平線之下，穩當、堅實地扎根於深海中。根基如此深厚，注定不會被海面上的波濤撼動。

要腦頭清晰，性格鎮靜，就要切忌思想偏激。思想偏激的人，即使在某方面有特殊的才能，也不會有很好的前途，那是因為他們的頭腦猶如一棵樹的所有養料，都被某枝樹幹吸去，那枝樹幹固然生長得很好，但樹的其他部分就會萎縮了。

丹尼爾・韋伯斯特（Daniel Webster，19 世紀美國政治家，曾兩度擔任美國國務卿）就是因為思想不偏激，才得以在法律界和參議院都發揮到極大影響力。

2.7_ 障礙七：心有旁騖

歌德（Johann Wolfgang von Goethe）說：
「你最適合站在哪裏，你就應該站在哪裏。」
這是對那些心有旁騖者的最好忠告。

　　我有一位青年朋友寫信給我，表示他有意研習法律，但打算先做另一件事。正是抱有這種不良的想法和習慣，令太多的年輕人耽誤了自己的前程！很多人每天都在幹與自己興趣不合的工作，但只願被動等待稱心如意的工作從天而降，結果落得事與願違、怨天尤人的下場。在所有彌足珍貴的青春歲月都被糊裏糊塗地浪費掉之後，你就會發現事業難以重新開始，因為為時已晚了。

　　精神上的慢性自殺，指的就是這種一再拖延、得過且過的惰性。年輕人常常把事業看得過分簡單，不肯全力以赴，他

們通常不太在意其他人的成功之道。他們不知道累積經驗猶如滾雪球，這個「雪球」會隨年月而越滾越大。因此，任何人都應該把全部精力集中在一項事業上，你在上面所花費的心血越多，獲得的經驗也就越多，做起事來也就越得心應手。

「浪費精力」是全世界最奢侈的浪費，不論是誰，假如不趁年青力壯時養成集中精力的好習慣，他的一生就注定不會有甚麼大成就。人的時間有限，能力有限，資源有限，想要成為全才是很難的，倒不如腳踏實地，成為一名專才。

專才隨時隨地都在自己的專業領域裏下苦功，求進步，設法彌補自己的缺點和不足。甚麼都想抓住的人，精力和心思都過於分散，結果往往顧此失彼，事事都只能做到「尚可」，沒有大起色。

現代社會競爭日趨激烈，我們必須專心一意，對自己的工作全力以赴，才能成功。不屈不撓的意志、百折不回的決心、持之以恆的忍耐力，就是聰明人必勝的法則。旁騖甚多的人，注定碌碌無為，到頭來一事無成。

在這方面，螞蟻是我們最好的榜樣。它們齊心協力地搬運食物，或推或拖，不管遇到甚麼困難，跌倒過多少次，它們一路上都絕不放棄，會竭盡全力把食物搬回蟻巢。螞蟻告訴我們：想要有收穫，就要永不放棄。

經驗豐富的果農經常把樹上許多能開花結果的枝條剪去，一般人看到會覺得可惜，但是果農自己知道，為了讓樹木茁

壯成長，結出更飽滿的果實，就必須忍痛將這些旁枝剪去。否則，將來的收成肯定會減產許多。

有經驗的花匠也常常把許多快要綻開的花蕾剪去。你或許會覺得奇怪，難到這些花蕾不能開出同樣美麗的花朵嗎？但花匠們都知道必須集中養分在少數花蕾上，因為只有這樣，才會有花蕾得以盛放，爭妍鬥艷。

創一番事業猶如果農種樹、花匠栽花，年輕人與其將精力分散在許多毫無意義的事情上，倒不如瞄準一項適合自己的工作，集中所有精力，埋頭苦幹，全力以赴，肯定可以取得成就。

如果你想在某一方面取得偉大的成就，就要大膽地、勇敢地「舉起剪刀」，把所有平凡無奇的、毫無把握的願望全「剪去」，即使是你認為重要的事，或已有眉目的事，也必須忍痛「割」愛。如果你想成為令眾人嘆服的人物，就一定要清除腦中那些雜亂如旁枝的念頭。

世上無數人之所以無法成功，並非因為他們的才幹不夠，而是因為他們精力不集中，不能全力以赴地去做適合的工作。他們在無謂的事情上虛耗自己的精力，但從不自覺。如果拋開那些無謂的事情，將所有精力都集中在適合自己的工作上，他們的事業一定能夠結出美麗豐碩的果實！

時光如流水，一去不復返，每個人都應該珍惜時間。剛剛步入社會工作的青年，一定渾身充滿了幹勁。你應該把這股幹勁全部投入於正途，無論你從事甚麼職業，都要努力經營，

勤奮工作。如果你由踏入社會的第一刻，就懂得集中自己的精力，不讓它消耗在毫無意義的事上，並持之以恆，總有一天，你會獲得巨大的回報，成功在望。

3

你能借鑒的成功致富經

—

擺脫貧窮的唯一方法，
就是在逆境中艱苦奮鬥，努力拼搏，
奮力從逆境掙脫出來。

3.1_ 視貧窮為動力

艱難的環境容易造就傑出的人才，

優越的環境反而常常令人不思進取。

因此，當有人問一名偉大的藝術家，

跟他學畫的青年能否同樣名留青史時，

他堅決回答：

「絕不可能！因為他每年有六千英鎊的豐厚收入！」

這位藝術家深知逆境出人才的道理。

　　擺脫貧窮的唯一方法，就是在逆境中艱苦奮鬥，努力拼搏，奮力從逆境中掙脫出來。如果人類在進化之初就衣食無憂，不必為生存而奮鬥，那麼今時今日的人類極有可能還處於原始狀態，人類的文明也不可能有今日的進步。

　　20 世紀初的全球鋼鐵大王兼首富安德魯‧卡耐基（Andrew Carnegie）曾經謹慎地說：「不要羨慕那些富家子弟的優越生活，

實際上，他們已經成為財富的奴隸，他們貪圖享受，處於墮落的泥潭，不能自拔。」溫室裏培育出來的花朵，無法與寒風中的紅梅爭艷。同樣地，在優越環境中成長的孩子，絕不能與那些出身貧苦的孩子相比。雖然貧苦孩子多數畢業於普通學校，甚至無法負擔學業，過着平凡的生活，但是一旦他們具備成功的條件，必將創出驚人的事業。

卡耐基也說過：「**出生於貧困家庭，是年輕人的最大財富。**」**貧窮就是健身房裏的運動器械，它可以鍛煉你的人格，使你更強壯，增強你積極向上的原動力。**貧窮原是人生的枷鎖，但只要你奮力擺脫它，它就會使你擁有更多快樂。

格羅弗・克利夫蘭（Grover Cleveland）曾經兩度出任美國總統，但有誰想到他曾經只是個年薪 50 英鎊的窮苦店員呢？他後期常常回憶那段經歷，感觸地說：「貧困能夠激發我的潛能，讓我儲備能量，奮鬥終生。」

美國歷史上還有很多發明家、科學家、商人、政治家、企業家、哲學家、外交家，大部分都是寒苦出身，他們活在巨大的生存壓力之下，憑藉個人的努力，頑強奮鬥，最終獲得事業上的成功。

很多外國移民剛到美國時，並不懂英文，也沒有接受過甚麼教育。他們生活無助，就業無門，卻通過自己的努力奮鬥，一樣成就了偉大的事業，創造財富，建立自己的家園，得到自己夢寐以求的榮譽，足以令那些出身優渥的美國青年自愧不如！土生土長的美國年輕人總是盼望成功從天而降，卻不知不

覺虛度了青春時光，浪費精力，碌碌無為。

好逸惡勞、貪圖享受的人，注定會成為生活的失敗者。一名成功人士曾經分享親身經驗道：「沒有經歷過困苦的人，生命永遠懷有缺憾。」偉大的人物都是從苦難中走出來的。

艱苦環境造就出來的成功人士，猶如森林中的橡樹，在經歷狂風暴雨之後，依然挺拔成長。至於成長在溫室的小花，則經不起風吹日曬。同樣地，一個人假如總是在別人呵護下生活，就不會有動力，為自己的前途而奮鬥，更遑論要成就偉大的事業了。

曾經有一項調查，研究年輕人如何看待「努力工作」這回事。一個家境貧寒的青年說：「我生活無着落，只有努力工作，才能吃飽穿暖。除了努力工作，我沒有第二條路可走，自己的前途只能靠自己的努力去創造。」一個生活優越的青年，回答截然不同：「每日早出晚歸，努力工作，有甚麼意思？我已經擁有足夠享用一生的財富，幹嗎要這樣辛苦呢？」

那些養尊處優、家境優越的年輕人，不需拼命奮鬥便能擁有一切，只知虛度自己的青春年華，少有為事業而奮鬥終生，無意在人生的旅途中有所作為。人們努力工作固然是為了滿足自己的生存需要，但更重要是要實現自己的人生價值，推動人類文明的車輪向前滾動。上述的年輕人將永遠不會知道人生的

價值何在。

上帝總是對那些努力奮鬥的青年眷顧有加，他們不但將獲得豐厚的資產和優越的地位，還會擁有上帝賜予他們的高尚品格。而那些生活優渥的青年，由於習慣游手好閒，所以只能過着平庸的一生。

在經驗這所大學裏，人人平等，誰都可以接受嚴格的訓練，繼而掌握工作技能。上帝是公正的，給予眾生平等機會，那些珍惜機會、奮發圖強的青年，絕不會永遠窮困，因為上帝必定會以巨大的成功，去回報他們的努力。

3.2_ 苦難是最好的學校

樹木經過千百次暴風雨的摧殘後，反而越長越挺拔。

同樣道理，

每個人都必須經歷苦難，

才能鍛鍊出種種才能，

獲得成功，變得偉大，得到想要的東西。

　　苦難與挫折是我們最好的學校，人們往往在失去一切、窮途末路、承受各種痛苦和折磨時，才能看清楚自己的實力，獲得磨練與提升，否則就無法激發出個人潛力，得不到淋漓盡致的發揮。

　　兩個強盜看到一座絞刑架，一個說：「假如沒有這該死的絞刑架，我們的職業會是最美好的。」另一個聽後罵道：「笨蛋，假如沒有這個絞刑架，你就只能吃西北風了。人

人都來當強盜，我們還能立足嗎？」其實，庸碌膽小的競爭者，無論幹甚麼職業，都總會被嚇退。

克里米亞在一場戰爭中，有一座美麗的花園遭炮彈炸毀，但其中一個彈坑卻湧出一股清泉，變成著名景觀，這好比人們經歷不幸與苦難後，總有新希望出現。困難與挫折就像鑿子和錘子，把生命雕琢得愈加美麗動人。

一位著名的科學家曾說，只有遇到難以克服的困難，才有新的發現。有勇氣的人會把逆境當成順境，猶如河蚌把體內的泥沙孕育成珍珠。失敗激發出人的潛能，往往能夠引導人生走上成功之道。

老鷹為了訓練雛鷹飛翔，把牠們逐出巢外。經歷過這種鍛煉，雛鷹才能勇猛、敏捷地追逐獵物，成為百鳥之王。一帆風順的人，往往不會有很大的出息；自幼年已遭遇挫折的人，長大後反而會有偉大的發展。鑽石再堅固，也需要人工琢磨，才能變得光彩奪目。貧窮和苦難就是人類的「磨刀」，能夠琢磨出我們的「光芒」，激勵我們奮進，越發堅定。

火石不互相摩擦，就不會碰發火花；人失去外界的刺激，個人潛能將永遠得不到激發。塞萬提斯（Miguel de Cervantes Saavedra）就是在監獄中，用小塊的皮革寫出偉大巨著《堂吉訶德》（Don Quixote）。當時他窮得連稿紙都買不起，有人勸一位富人資助他，富翁說：「上帝不讓我

去救濟他，因為他的貧窮會使這世界富有。」

逆境能喚起高貴的人心中休眠的火山。《魯賓遜漂流記》(*Robinson Crusoe*)、《天路歷程》(*The Pilgrim's Progress*)……這些著作，都是作家在困難中完成的；意大利詩人但丁(Dante)被判死刑，遭放逐 20 年，期間仍不知疲憊地繼續寫作；《聖經》中的約瑟被關在地坑和暗牢裏，受盡折磨，但終成為埃及宰相；馬丁‧路德(Martin Luther)也是被監禁期間，在沃特堡(Wartburg)把《聖經》譯成德文。

終年 28 歲的奧地利畫家席勒(Egon Schiele)，雖然身患危疾，卻依然畫出曠世名畫；作曲家貝多芬雙耳失聰，生活極度貧困，但依然創作出偉大的樂章；英國詩人米爾頓(John Milton)近乎雙目失明，但依然寫出不朽史詩《失樂園》(*Paradise Lost*)。英格蘭作家班揚(John Bunyan)為了獲得更大的成就和幸福，亦曾說：「我願苦難降臨在我身上。」

嚴寒雖然肅殺，但可以殺盡害蟲，讓植物更能好好地生長。猶太人雖然受盡種族壓迫，但反而使他們壯大富強。他們給世界貢獻了最美麗的詩歌、最具智慧的箴言、最悅耳的音樂，現今許多國家的經濟命脈，亦幾乎被猶太人所控制。

一個真正勇敢的人，面對生活會毫不膽怯，昂首闊步，意志堅定，挑戰任何困難；他們即使身處逆境，也會奮勇向前。他們藐視厄運，嘲笑挫折，貧窮不能壓垮他們，反而會增強他們的意志、品格、力量與決心，使他們成為最具才華的人，扼住命運的咽喉。

3.3_ 自助獨立最可貴

人一旦放棄嘗試，
就永遠不會知道自己擁有多少潛能得以發揮。

很多人一旦發現自己缺乏某一方面的才能，即甘願認命，認為自己再努力也無濟於事，結果一事無成；另一些人同樣有自知之明，知道自己沒有甚麼特殊才能，卻依然能夠獲得成功，這是為甚麼呢？這是因為他們的自信心高人一等，因此有原動力，不斷推動自己要努力拼搏。

大自然賦予每個人獨立生活的能力，但在現實生活中，只有少數人能夠真正做到自強自立，這是因為大多數人為了輕鬆、方便，都習慣了依賴他人，讓他人替自己思考、策劃、工作，而不願親自行動。一個人一旦養成如此的壞習慣，就必定喪失奮發向上的動力。

有些人會為子女留下巨額財富，期望子女能夠生活得更容

一生的資本

易、更輕鬆，卻不知道自己留給孩子的不是幸福與坦途，而是禍患與危機，令子女們養成依賴的壞習慣，不願脫離父母的幫助，不願獨立生活。我們應該要有自強自立的能力，要明白我們真正需要的，不是外援，而是自強；不是依賴，而是自立，這樣才能夠充分發揮我們的潛能。

人們只有扔掉依賴別人的念頭，自信自主地做事，才能邁向成功。自立自助就是打開成功之門的鑰匙，是獲得成功的基礎。當你開始自立自助時，也意味着你已經走對了路，身在成功的坦途上。

滄海橫流，方顯英雄本色。一名舵手是否有經驗、擁有非凡的質素，在風平浪靜時是看不出來的，只有在暴風雨來臨、波濤洶湧、船將傾側的危險關鍵時刻，才能盡顯本色。

面對逆境時，個人的自信心就是克服困難、成就大業的原動力，比現金或親朋戚友的幫助都更重要。真正的朋友，是那些鼓勵你自立自助的人，而非那些單純給你金錢援助的人。

你可能會覺得，獲得別人物質上的資助，是一件無比幸福的事，但我可以告訴你，在現實中獲得別人施捨的感覺，其實並不好受。人只有自立自助，才會感到由衷的幸福。身體健全卻要依賴他人，一定會感覺自己有甚麼缺失。

很多人之所以一生一事無成，是因為缺乏自信，膽小怕事，不敢憑自己的意志行事。人生最大的恥辱，就是不能表達自己的意願，不敢表現自身的能力。增強自信心，勇敢地按預定目標，努力奮鬥，就一定能取得好成績。

3.4_　積極面對挫折

人們在受到譏諷、凌辱、欺負時，
便會產生全新的力量，
做出以前不敢做的事。

　　人類的本性非常神秘，通常埋藏在內心最深處，除非遭到巨大的打擊和刺激，否則永遠不會顯露出來，永遠不會爆發。

　　拿破崙曾評論他的手下大將馬塞納 (André Masséna)，平日為人不露聲色，但在戰場上見到屍橫遍野時，潛藏在他內心深處的「獸性」就會爆發，令他猶如惡魔附身一般，勇敢地打勝仗。

　　假如拿破崙年輕時沒有遇到那些窘迫、絕望的境況，他就絕不會如此鎮定、勇武、多謀。歷史上無數的偉人，都是由艱難的處境、失望的境地、貧窮的狀況造就出來的。巨大的危機和事變，往往測試到哪些人能脫穎而出，名留青史。

　　一個成功的商人對我說，他人生中的每一次成功，都是克

服挫折的結果。他覺得只有克服種種挫折，在奮鬥中取得成功，才可以給他巨大的滿足感。他不喜歡做那些容易、不費力的事情，認為那些事不能給他振奮精神、發揮才幹的機會。對於那些輕而易舉得來的成功，他覺得不值得高興。他喜歡挑戰困難，因為只有困難的事情，才可以考驗他的才能。

有一位年輕人，他的家境非常貧寒。在他四年的大學過程中，他常被那些家境富裕的同學毫不留情地取笑他的衣衫襤褸和窮酸相，但他沒有因此屈服，反而立志勢必成為偉人。這個青年後來埋頭苦拼，果然取得驚人的成就。他在大學時所受到的種種譏笑，反而激勵了他的上進心。

處於絕望境地中奮鬥，最能激發個人潛力，使人獲得無窮的力量。當巨大的壓力、非常的變故和重大的責任，都壓在一個人身上時，隱伏在他生命最深處的種種能力，便會突然湧現出來，讓他做出種種偉業。如果林肯在一個莊園裏長大，一帆風順地大學畢業，他便永遠不會成為美國總統、歷史偉人。安逸舒適的生活反而讓人容易懈怠，只有不斷地與逆境苦鬥，才能成就林肯偉大的一生。

一般人終其一生，也許只能發揮出 25% 的才能，但挫折、缺陷、困難卻能把其餘 75% 的潛能也激發出來。今天就有許多成功人士都把自己所取得的成就，歸功於自己的缺陷，和曾

遭遇到的挫折。歷史上也有無數這樣的例子：一些相貌極為平凡、甚至醜陋的女子，往往能在學業、事業上做出意想不到的成績來，以彌補她們長相上的不足。

為了補救身體上的缺陷，許多人養成了高貴的品格，成就了不起的事業。有一個英國人，一出世就沒有手腳，卻能如常人一般生活。有一個人受好奇心驅使，特意去拜訪他，想看他怎樣行動和進食，結果那名天生殘疾的英國人談吐高雅，思想睿智，反而讓拜訪者完全忘掉其殘疾之軀。

許多人終其一生都不能發現自己體內蘊藏着巨大的能力，因為並不是所有人都能經歷特殊的挫折，受困難的刺激。假如你正面對挫折與失敗，那麼請你好好珍惜機會，積極面對吧！

3.5_ 加強自我修養

態度非常重要，

世界上有很多人才能一般，

卻憑藉他們良好的態度，

做到事事順利，

成就了自己的事業。

　　著名金融家喬治・皮博迪（George Foster Peabody）年輕時曾在一家商店做小職員，有一次，一名老婦人來買東西，但皮博迪的店沒有在賣，於是他很友善地向老婦人道歉，更特意帶領着那名老婦人到別的店去，幫她買需要的東西。那位老婦人為此感激皮博迪一生，在臨死前於遺囑中列明：「對皮博迪先生這種以禮待人的人，要給予豐厚的報答。」

誠實與自信是有為青年的兩大必備重要條件，不過，他們還需要有良好的態度，才能獲得成功。

良好的態度是一種必不可少的資本，能為你贏得良好的第一印象。第一印象的重要性不言而喻，一個粗俗不堪、態度惡劣的人，不可能給人留下好印象，只會令人反感，無法贏得他人的信任，更遑論合作，結果凡事都處處碰壁。一個長相普通、甚至身有殘疾的人，只要他態度良好，和善可親，仍然會比那些眉清目秀、身強力壯、但態度粗魯的人更受歡迎。

我有一位朋友，年輕時非常窮困，好不容易才勉強儲了一小筆錢，在農村開了一家小雜貨店。商店開張後，他用心地服務所有顧客，為顧客熱心地帶來一切方便，態度和藹可親，彬彬有禮，待客有如關心自己的親朋戚友。後來他聲名鵲起，即使距離較遠的人，也會專程來光顧他的店，因此他的經營規模迅速擴大，如今已在附近地區開設了多家連鎖店。

有些經營規模很大的商店，因為他們選用了許多態度親切、令人愉快的店員，所以商譽不斷上升，門庭若市。法國巴黎著名的樂蓬馬歇百貨公司（Le Bon Marche），就是因為店員態度良好而生意興隆。紐約也有兩家類似的百貨公司，都是以店員的優秀服務態度，而遠近馳名。

我也見過幾家生意本來不錯的商店，就因為辭退一些態度

可親、令人愉悅的店員，最終令生意一落千丈。

許多人因為缺乏良好的教養，結果一生為人自大、蠻橫、粗魯，非常無禮，即使家財萬貫，也會脾氣古怪，不得人心。這種人如果不改正自己的缺點，那麼做甚麼事都不會順利，更遑論有甚麼大成就了。

如果一個人從小就學懂待人接物的應有態度，他長大成人後自然就會擁有良好的修養。優秀的品格和良好的態度就像催化劑，是每個人走在成功之路途上最大的資本。

如果把你的人際關係比作一部龐大精密的機器，那麼良好的待人接物態度就是你的潤滑油，避免機器內的零件運作時發出嘈雜的噪音、令人產生恐懼。如果社會上每個人都待人有禮，處事周到，那麼我們不論走到哪裏、遇見誰，我們都會感到這個社會充滿愉悅、和諧的氛圍。

3.6_ 贏得財富的基礎

要成就事業，不能一蹴而就、不勞而獲，

必須先有資本。

你的資本在哪裏？就在你自己身上。

年輕人千萬不能急功近利、急於求成。

機會只會留給有準備的人，

你要自小開始儲備一生的學問、經驗與智慧，

以積累將來成功的「資本」。

　　做任何事都必須先做好準備與計劃，猶如興建房屋前必須
先畫好圖則，修路前必須先準備好鋪地建材，雕刻前必須先在
石頭上打好草圖。自古以來的傑出偉人，大都在年輕時已播下
了成功的種子，才有一生美滿果實的收穫。

　　過去美國需要大量勞動力，任何人不管其教育程度怎樣，
只要品行尚可，做事有條理，便隨時可以獲得一份工作，但

現在的情況已大為不同。須知道今天的社會，需要的是可靠、有技能、受過良好教育的人才。美國憲法起草人之一咸美頓（Alexander Hamilton）說過：「這個時代需要訓練有素的人。」

一個年輕人只要在何時何地都保持樂觀積極的心態，願意努力提高自己的學識，充實自己的生活，不浪費自己的空閒時間，更經常關注與自己事業相關的信息，做事敏捷，善始善終，那麼便可斷定他的前途一定非常光明。

不過，現實中也不乏這樣的例子：一些體格健康、受過良好教育、處事有經驗的年輕人，卻過着平庸的生活，甚至在事業上、生活上一無是處。他們擁有良好的基礎，理論上完全可以做出一番事業來。他們就是因為年輕時不努力求學，到日後面對各種困難時，便無力應付，悔之晚矣！

我時常收到一些中年人的來信，表示後悔年輕時錯過了求學的機會。他們當中有些人表示儘管如今積累了很多財富，但知識依然貧乏，因而無法有更大的突破；也有些指出由於自己缺乏足夠學識，而錯失了很多很好的工作機會。這些中年人都有經驗、有資本、有天賦，**就是因為缺乏學歷，而與他們渴望的工作擦身而過，無法開展一段滿意的事業，這是多麼可悲啊！**

最可憐的是那些年輕時不學無術、上年紀後求學無門的人，他們沒有良好的經濟條件，甚至連普通人的生活水平也達不到，一生人既談不上有甚麼志趣，又缺乏自信，這樣的人生是何其的毫無意義！

俗語有云「書到用時方恨少」，我們必須明白，平日努力積

累回來的經驗和知識，在危急關頭將會是我們最有力的支持。假如你想成為一個出色的商人，就不能安於現狀，你必須做好更充分的準備，學習更高的本領，以便拓展業務，應付經濟蕭條。又例如一名建築師處理平日公務時，可能只需用到自己一點點的知識，就足以完成手頭的工作，但遇到緊急而重要的突發情況時，就需要使出渾身解數。能否渡過難關，就要看他過去累積了多少技能、學識與經驗等「資本」。

你儲備了多少「資本」，或多或少可以從你的性格、工作能力、別人對你的評價中看得出來。但是，累積了這些「資本」，你就一定能夠成功嗎？

老實說，如果我現在只是剛踏足社會的年輕人，對於那些毫無經驗、沒有甚麼把握的工作，還真的不敢接受。我明白年輕人即使盡力做好充分準備，也未必足以應付當下的工作，但唯有集中精力、毫不懈怠、無畏無懼、長年累月地積累學識與經驗，才能獲得完全屬於你的「資本」。每個人只要趁年輕時刻苦努力，珍惜時間，那麼他將來必定會有無窮的「收穫」。

文藝復興時期，著名雕塑家米開朗基羅（Michelangelo）去探望畫家拉斐爾（Raphael），但拉斐爾外出不在畫室，於是米開朗基羅就拿起筆，在畫布上留字，寫着「了不起」，以示對朋友的欽佩與鼓勵。拉斐爾回來看字後，興奮不已，猶如打了一支強心針。

希望你也時刻把「了不起」這三個字牢記在心，最好把它寫出來，貼在辦公室或臥室裏，時刻自我激勵。

　　當你準備離開學校時，也許心中懷有很多宏大的自願，希望藉着多年的寒窗苦讀，能在學識上更上一層樓、成就一番事業、組織一個溫馨小家庭、準備擁有令人愉悅的社交生活。但到你真正踏入社會、開始工作時，外界的種種誘惑便開始向你襲來。面對各種誘惑，你再也無法安於現狀，誘惑甚至會使你沉淪、墮落。當你對工作失去了興趣，那麼你的一生就到此結束了，一切快樂、幸福、舒適都將離你而去。除非你能悔悟，改過自新，否則，年歲漸長也只是徒勞，你的「資本」會日益減少，甚至消失，以後的歲月只能在失敗、慘淡中渡過。

　　請立即行動吧！不管你目前的境況如何，現在就要下定「累積資本」的決心。**你要時刻提醒自己：「我要上進！」在知識、經驗、思想上，要求自己每分每秒都有所進步，不要浪費一天、一個小時、甚至一分鐘去做毫無意義的事。**只要有了真才實學，就毋須擔心時運不濟，阻力重重。如果你確實地累積了知識、經驗，即使你遭遇了經濟上的危機、工作上的挫折，你也必定還有能力重新振作。即使沒有巨額財富，別人仍會重視你，尊敬你，因為你擁有別人難以企及的、巨大的無形「財富」。

　　也許你因家境貧寒，不能到專門學校或高等學院上學，但是你總可以抽出一些時間自學。如果你每天都能擠出一個小時，專攻一門學科，這樣的習慣要比閒翻無用的書好得多。凡

事貴在堅持，只要你能一直堅持，最終獲得的「資本」必定非常可觀。

3.7_ 擺脫貧困的秘訣

無數事實證明：

世界上的任何事情，只要肯努力去做，就會成功，

當你事業成功了，貧困自然就會離你而去。

因此，貧困是一種極其反常的狀態，是一種病態，

是千百年來不良思想、不良環境、不良生活造成的惡果，

任何人都不會喜歡。

　　可惜的是，想擺脫貧困的人有很多，但願意花力氣的人卻很少。假若這個世界上的所有窮人，都敢於從黑暗和沮喪中抬起頭來，為自己的既定目標而努力，那麼，不用多久，貧困就會自然消失。其實，「貧困」很多時候是由「懶惰」造成的，而「懶惰」又常常與「浪費」掛鉤，因此懶惰的人大多數都不知節儉，而浪費的人也多數不勤奮。浪費、奢侈、不肯工作、不願努力，是懶惰者的「溫床」。

如果一個人決心要擺脫貧困，首先要從衣着、儀容、態度等多方面，清除貧困的「痕跡」，然後要充分發揮自己卓越的才能，勇敢地向着「富裕」和「成功」的目標邁進，無論發生甚麼事，都絕不動搖。

「自信」和「勇氣」是「貧困」的剋星，即使你目前遭遇到不幸和苦難，而身處困境，只要你有足夠自信和勇敢，頑強拼搏，與命運鬥爭，最終定必能夠擺脫困境，邁向成功。假如你失去了自信，缺乏勇氣，不思進取，甘願過着畏縮、懶惰的生活，那麼你就必定貧困終生，能力無法提高，一生難有所作為。

還有一種人，認為貧富天注定，這真是大錯特錯。他們不相信自己有能力擺脫貧困，把貧窮視為自己的宿命。這種人是最沒有希望的，如果他們繼續自甘墮落，他們的一生必將在困苦中渡過。

美國某名牌大學有一名畢業生，曾經嘗試過多種工作，但無一成功。這個沮喪的青年，對自己的才能沒有信心，不敢相信自己能夠事業有成，最終只能依賴父親每週提供 5 元過活。

其實貧窮並不可怕，可怕的是失去鬥志和信念，甘於貧窮、被命運束縛。假如你認為周圍是一片黑暗，前途暗淡無光，那麼你就應該立即回頭，朝着有希望、有陽光的方向奔去。

我們應該相信「爭取美滿人生」是每個人天賦的權利，並下定決心去努力爭取。無數人就是因為付出了辛勤的汗水，向自己的目標奮勇前進，而最終擺脫了貧困。

4

安貧，但不守貧

—

成家立業、盡享榮華富貴、出人頭地、功成名就，
這些都是人們期盼的美好願境。
只有對自己的前途充滿期待，
才能激發我們付出最大的努力。

4.1_ 如何激發潛能

一般而言，

個人天賦的志氣與才能，

都深藏潛伏着，

必須靠外界刺激，才能予以激發。

潛能一旦被激發，還需要持之以恆的專注和學習，才能將全部實力發揮出來，否則終將萎縮消失。因此，如果一個人不被激發，就會變得遲鈍，喪失天賦的能力。

從前，有一名叫約翰的父親，看見自己的兒子馬歇爾在商人戴維斯的小店裏忙這忙那地工作，就問：「近來馬歇爾的生意學得怎樣？」

戴維斯答道：「約翰，我是一個爽直的人，喜歡直話直

説。作為多年的老朋友，我不想讓你後悔。馬歇爾肯定是個性格溫厚，做事穩健的好孩子，這不用説，看一眼就知道。但即使他在我的店裏學上一千年，也不會成為出色的商人。他天生就不是這塊材料。約翰，你還是領他回鄉下養牛吧！」

如果馬歇爾繼續留在戴維斯的店裏，恐怕他日後真的很難有甚麼作為。其實馬歇爾並非不具備做商人的天份，而是戴維斯的店舖環境不足以激發他的潛能。馬歇爾隨後去了芝加哥，親眼見證許多窮孩子創出驚人的成就，令他受到感染，心中燃起激情，夢想同樣能夠從商致富，並問自己：「別人能白手興家，為甚麼我不能呢？」

「我最渴望的，就是讓我去做我力所能及的事情。」美國思想家愛默生（Ralph Emerson）如是說。做自己力所能及的事，是展現個人才能的最佳途徑。每個人天生都被賦予了巨大的、沉睡的才能，一旦被激發，便能做出驚人的事業，甚至超越拿破崙、林肯。

美國西部有一名鐵匠，人到中年，還是不識文墨，但在60 歲時卻成為全城最大圖書館的負責人。這位鐵匠唯一的希望，是要幫助同胞接受教育，獲得知識。他因此獲得了許多讀者的尊敬，被尊為學識淵博、為人民謀福利

的人。你可能會想，這位鐵匠並沒有接受過正規教育，為何會心懷如此宏大的抱負呢？原來他在一次偶然的情況下，聽了一場關於「教育的價值」的演講，令他若有所思，激發了他遠大的志向，喚醒了他潛伏着的才能，使他做出了造福人群的事。

激發個人潛能的方法有很多，可以是讀了一本富感染力的書，或聽了一場具說服力的演講，但更多人其實是受到朋友真摯的鼓勵所至。朋友的信任、鼓勵和讚揚，往往最能激發一個人的潛能。

假如你和一些失敗者曾經面談，就會發現他們的潛能從來不曾被激發，因而沒有足夠的力量，從不良的環境中振作起來。這就是他們失敗的原因。

在印第安人學校的畢業名冊裏，曾刊登過不少印第安青年的畢業照片。他們個個臉上都流露出智慧，雙目炯炯有神，服裝整齊乾淨。看了這樣的照片，你一定能預見他們必能夠有所成就。但事實恰恰相反，他們大部分人回到部落後，很快就變回老樣子，只有少數人能夠依靠堅強的意志，掙脫環境的束縛，成就自己的人生。

人的一生中，無論在何種情況底下，都要不惜一切代價，讓自己掙脫環境的束縛，置身於適合自己的環境，激發自己的潛能。請你多些接近那些了解你、信任你、鼓勵你的朋友，因為他們將大大提高你日後邁向成功的機會。**請你多些接近那些**

力求表現的人，因為他們志趣高雅，抱負遠大，你會在不知不覺間深受他們感染，養成奮發有為的精神。即使你遇到挫折，也會獲得一同奮鬥的同路人鼓勵，讓你重燃鬥志。

4.2_ 有夢想才有將來

你是一個有夢想的人嗎？

許多人之所以能夠名成利就，

都是因為他們擁有美好的夢想。

英國大文豪莎士比亞在這方面功不可沒，因為正正就是他教導世人：「要從腐朽中發現神奇，從平常中看出非凡。」

或許有人會認為「想像力」只對藝術家、音樂家和詩人的創作有幫助，對一般世人來說可謂可有可無，但事實告訴我們：不論是工業界的巨頭，抑或商界的領袖，在各領域中的卓越人物都是賦想像力的人。他們都具有偉大的夢想，堅信凡事有可能；他們持之以恆，全力以赴，最終美夢成真。

美國發明家摩斯 (Samuel Morse) 發明了電報，讓世界各地能夠迅速傳遞消息，啟發後人打造橫越英倫海峽、大西洋和太平洋的海底電纜，讓信息串連整個世界，實現了人類「消息無界

一生的資本

限」的夢想。義大利工程師馬可尼（Guglielmo Marconi）更發明了無線電，讓大海中遇險的船隻可以及時發出求救信號，因此挽救了無數生命。

假如開闢美洲西部的人缺乏夢想，那麼美國人至今還只能在東岸漂泊；英國工程師史蒂芬遜（George Stephenson）雖然出身於貧窮之家，但卻製造出蒸汽火車，令人類的交通網絡有了劃時代的突破，運輸能力獲得空前的提高；勇敢的羅傑斯先生，亦駕着飛機，實現了飛越歐洲大陸的夢想。

在所有的夢想中，造福人類的夢想最有價值。約翰‧哈佛用了幾百美元，創辦了哈佛學院，成為聞名於世的哈佛大學，就是最好的例子。

今天的一切，不過是過去各個時代夢想實現的總和。如果人類歷史省略掉上述夢想家的事跡，誰還願意讀那些枯燥乏味的歷史呢？ 那些目光遠大的夢想家，集膽色與魄力於一身，用智慧和知識造福全人類。他們畢生勞碌，不懼險阻，憑藉過人膽色，將不可能的事情一一變成真，結果替全人類開闢康莊大道，把那些目光短淺、不思進取的人，從迷信中解救出來。他們是對世界最有貢獻、最有價值的人，是全人類的引路人、急先鋒。

人類所具有的種種力量中，最神奇的莫過於「夢想」的力量。如果我們相信明天會更好，就不會在意今天經歷的痛苦。有偉大夢想的人，無論前方有多少艱難險阻，也不能阻擋他的前進步伐。

美國人是富於夢想的：商店的學徒夢想自己開店舖；工廠的女工夢想建立自己美好的家庭；出身卑微的人夢想飛黃騰達。他們為夢想而奮鬥，再怎麼艱苦困難，他們都不會向命運屈服，對未來充滿信心。

擁有夢想的人，才擁有希望。夢想能夠激發出內在的潛能，讓我們努力奮鬥，獲得光明的前途。假如一個人失去了夢想的能力，那麼他就不能以堅定的信念、滿懷的希望、超人的勇氣，去繼續奮鬥。

不過空有夢想，卻不付諸行動，夢想便一無是處。有夢想的同時，還必須有實現夢想的頑強毅力和決心。只有通過艱苦的勞作、不斷的努力，夢想才能實現。與其他能力一樣，夢想也有兩面性，它的能力也可能被濫用或誤用。如果一個人整天耽於夢想，把自己全部的生命力都浪費在建造空中樓閣，而不去通過努力實現它，那只會耗費自己的天賦與才能。

夢想使人生更有意義，它向很多身陷困境的人伸出援手。對於夢想家，我們要致以深切的感謝！

4.3_ 希望的魔力

有些人總是不明白，

為甚麼自己的希望之火會逐漸變得微弱，

那是因為他們忽略了以下道理：

只有堅持希望，才能增加力量，實現夢想。

　　希望比理想、夢想更可貴，因為希望往往預言了一個人的將來，是指導人們行動的風向標。希望具有鼓舞人心的魔力和創造力，能夠彌補個人先天才能的不足，驅使人們全心全意去完成自己嚮往的事業，一步步實現夢想。

　　候鳥飛往溫暖的南方，是因為南方給予候鳥生存的希望。上帝給予我們希望，就是要我們不斷超越自己，實現更偉大、更完美的使命，讓人格獲得更充分的發展。上帝是最慷慨、公平的，只要你付出了應有的努力，就一定能得到你想要的東西。

人的希望猶如樹木的根，只要根部能夠健康生長，便能長出大樹。同樣地，一個人對人生是否有希望，也會影響會他才能的高低。

　　希望是萬物之母，只要你心存希望，你便能夠得到健康的身體、高尚的品格，甚至偉大的事業。即使是那些看似難以完成的事，只要信念夠堅定，並持之以恆，也一定能夠達到目標。積極進取的思想會驅使人們盡力發揮自己的才幹，激發人的希望，最終達到最高境界。積極進取的思想，可以彌補才能的不足，可以粉碎前進道路上的一切障礙。

　　不過，如果空有希望，只是一味空想而不努力，不制訂行之有效的計劃，不付諸行動，那麼，一切再宏大的理想都只是空談，變得毫無意義。萬丈高樓從地起，工程師在建造一座大廈之前，就已經設計好了藍圖。同樣地，我們應該首先確立好自己的目標，然後付諸行動，否則就好比工程師的藍圖設計好後卻不實施，結果令所有藍圖淪為一堆廢紙。

　　假如你想改變自己的命運，就應該對自己的理想充滿希望，將它時刻銘記在心，並持之以恆地付出努力，直到它實現為止。「希望」具有不可思議的魔力，人會因為心存希望，而變得堅定不移，這對每個人的事業都尤關重要。滿懷希望的人，亦會因此而擁有非凡的創造力，這種力量能夠令個人才能得以充分發揮，改變人的命運，從而實現人的理想。

4.4_ 將期待化為現實

每個人的內心深處，
都埋着種種美好的期待：
期待前途一片光明，繁花似錦；
期待心想事成，美夢成真。
這些期待並不是空想，
它往往可以轉化為巨大的動力。

對於自己的一生，我們應該時刻保持樂觀。所謂「樂觀」就是希望獲得最令人歡樂和最美好的事物：成家立業、盡享榮華富貴、出人頭地、名成利就。只有對自己的前途有着美好的期待，才能激發我們做出最大的努力，鞭策我們要不斷上進。

有些人非常消極，他們認為自己不會獲得幸福，世界上一切舒適富貴的東西都不是為他們準備的，認為此生不會擁有豪宅、華衣，不能環遊世界，甚至認定舒適、富貴，甚至幸福，

都只屬於另一個階層的人。他們主動把自己劃進了劣等階層，承認自己一生人都不會有希望。試問這種自卑念頭深入骨髓的人，還能獲得美好的生活嗎？

甚麼人會過着低賤的生活？就是那些志趣低下、品格卑微、對自己沒有更高期望、並固執地認為世上種種幸福與己無關的人。期待甚麼，便可能得到甚麼；假若甚麼都不期待，就肯定甚麼也得不到。甘於貧窮的人，只配過着窮苦生活。

有些人即使期待成功，卻沒有堅定的信念，心中常抱懷疑的態度，對自己的能力又沒有信心，對失敗懷有種種恐懼，患得患失，這樣的人當然不可能成功出人頭地。只有全心全意期待成功的人，才能取得成功。因此，我們必須時刻保持積極、樂觀、有創意，才能一步步接近目標。

苦幹並不能獲得成功，有一些人雖然做事很賣力，但依然一事無成，其原因就是他們的想法與行動不一致。當他們着手做一件工作時，心裏又想着另一件工作，這種心不在焉，無形中消磨了他們心中的真正期待。請牢記以下格言：「內心期待甚麼，便去做甚麼。」做事不專一，往往就是無法實現心中願望的最大障礙。

人的銳氣常常被恐懼磨滅，恐懼的力量往往使生命的源泉乾涸。假如你的內心被恐懼所佔據，那麼你做任何事都將會很難成功。遠大的理想、堅定的信仰能夠醫治人類的懦弱，改善人類的習慣，提高人類的品性。期待健康和快樂，期待出人頭地，期待將來有美好的生活……這一切的期待，都是我們成功

的資本，能夠促使我們沿着成功之路奮勇前進。

每個成功者都應該具備樂觀的質素，因為樂觀往往能激發出巨大的能量，推動人們走向成功。無論當前的處境是如何糟糕，樂觀者始終不會放棄自己的追求。

期待就如春風，能夠喚醒我們內心冬眠的力量，使我們的潛能得到充分發揮。倘若沒有期待，我們的實力將永遠封鎖在體內，真實的自己將永遠沉睡不醒。

你要堅決杜絕任何懷疑的思想，以必勝的信念取而代之。無論如何，你都應該相信自己的期待能夠實現。只要你時刻保持樂觀，堅定信心，奮發向上，持之以恆，勝利就一定在你的掌握之中。

4.5_　成功源於自信

如果自信十足，

即使是普通人也能做出驚人的事業；

如果膽怯懦弱，意志不堅，

即使擁有出眾的才幹、優良的天賦、高尚的品性，

這種人也難成大事。

　　據說同一支軍隊，在拿破崙手下作戰時，戰鬥力會提升一倍，可見一支軍隊的戰鬥力，很大程度上取決於士兵對統帥的信心。如果統帥的態度充滿懷疑、猶豫不決，那麼士氣就會受影響。拿破崙之所以能夠令每個士兵戰鬥力激增，就在於拿破崙本人的自信與堅強。

　　一個人有多自信，其成就便有多高。如果拿破崙缺乏自信，認為自己不可能率領軍隊翻越阿爾卑斯山，那麼他將毫無疑問永遠不能征服阿爾卑斯山。因此，無論做甚麼事，都必須

　　　　　　　　　　　　　　　一生的資本

擁有堅定不移的自信，才能成功。

有一次，一名騎兵送信給拿破崙，其馬匹由於疲勞過度而摔了一跤死了。拿破崙收到信後，即時回信，並吩咐該名騎兵乘坐自己的坐騎，火速把回信送去。那名騎兵看到拿破崙那匹裝飾得華麗無比的駿馬，便不好意思地說：「不，將軍，我實在不配騎這匹馬，我只是一名普通的士兵。」但拿破崙反駁：「世上沒有一樣東西，是法蘭西士兵不配享用、享有的。」

其實上述法國騎兵的想法，在全世界俯拾皆是，他們以為自己不能與那些偉大人物相提並論，以為自己的地位太過低微，不配擁有別人所有的種種幸福。這種自卑自賤的觀念，往往是他們不求上進、自甘墮落的主因。

許多人都會有這樣的想法：他們這一輩子都無法享有這個世界上最好的東西；生活中的一切快樂，都只留給那些「命運的寵兒」。

自信比金錢、勢力、出身、親友都更重要，是人們一生中成就偉大事業最可靠的資本。自信的人能夠排除各種障礙，克服種種困難，到達成功的彼岸。許多青年本來可以做大事、立大業，但最終過着平庸的生活，原因就在於他們自暴自棄，胸無大志，不具有堅定的信念。他們越自卑，就越難積極進取做人。

有些人最初都對自己的將來有適當的期許與計劃，自信能夠處處獲勝，但一遇挫折就變得畏懼退縮，這就是因為他們自信心不夠堅定所至。因此，**一個人光有自信心並不足夠，還要想方設法鞏固自己的自信心，以防自己稍遇挫折便輕易退縮。**

　　「堅強與自信」是「偉大與成功」之母。不論才幹大小、天資高低，成功只取決於是否擁有堅定的自信心 —— 相信自己必定能夠完成大任，一定能夠成功。那些偉人在奮鬥過程中，總是自信十足，深信自己必定能夠事業有成，只有這樣，他們做事時才會不惜付出全部精力，衝破一切艱難險阻，直到取得勝利。自信帶給他們巨大的能量，使他們無往而不利，立下蓋世功業，名垂千古。

　　英國小說家瑪麗·科萊莉（Marie Corelli）曾說：「如果我是泥土，我要預備給最勇敢的人踐踏。」如果凡事都不能信任自己，不尊重自己，言行舉止處處流露出卑微，便難以得到別人的尊重。

　　世上的新事層出不窮，正等待我們去創造。上帝賦予我們每一個人巨大的力量，就是要鼓勵我們從事偉大的事業，這種力量就潛伏在我們的身體裏。如果不好好把握機會將自己的才能發揮至極致，便是對自己的人生不盡責，辜負了萬物創造者。

4.6_　一遇風雲便化龍

一顆魚雷若只經過普通拋擲，
是絕不會爆炸的，不會有甚麼危險；
不過，
若經由發射器發射並引爆，便足以擊沉軍艦。

　　同樣地，人們對自己的潛力，並不完全了解，可能只有災難降臨、或有重要責任需要承擔時，其潛力才能得到淋漓盡致的發揮。

　　有些傑出人物要淪落到一無所有的境地，才能併發出巨大的勇氣，尋找得到生命的出路；另外有些人要遭遇到巨大的不幸與災難，才能竭盡全力，拼出一條血路來。縱觀人類歷史，這樣的例子比比皆是。時勢造英雄，在困難面前，常人一般都會被壓垮，但偉人就能爆發出潛能，經歷苦苦搏鬥，最終流芳百世。

美國總統林肯體內就蘊藏着偉大的力量。他曾從事不同職業，但種地、伐木、測量員、店員、執業律師等工作，都無法激發他潛藏的能量，即使當選國會議員，也得不到全然的激發，直到國家面臨生死存亡之際，他必須肩負偉大的歷史使命，其巨大的潛能才一發不可收拾地併發出來，讓他成為美國歷史上最著名的英雄人物之一。

主張廢除黑奴、結束南北戰爭的格蘭特將軍（Hiram Grant）同樣如此，他曾做盡一切普通的工作，例如種地、製皮革、販運木材、做店員、當臨時工，但都不足以喚醒他心中沉睡的力量；甚至在日後成為將軍，參與美墨戰爭，都不能喚醒它。假如美國沒有爆發南北戰爭，格蘭特將軍可能至今仍默默無聞，不會名垂後世。

在美國歷史上，有很多商界精英在事業起步時，並沒有表現出甚麼特殊的才能，直到大禍臨頭，千金散盡，陷入困境，他們的實力才會被激發出來。缺乏合適的環境，即使有再大的雄心與自信，也無法發揮一個人全部的才能。

少數人之所以能夠在年輕時便取得成功，其實要歸功於逆境，例如失去親人、失去工作或大禍臨頭。只有到了絕境，他們才會激起全部內在的力量，自強不息，努力奮鬥！當一個人一直有外力可以依賴，是難以培養出獨立性的；只有失去依

靠，被迫奮鬥，才能清楚自己真正的實力，鑄成堅毅勇敢的獨立個性。

現實中大部分青年即使身強力壯，但只能處處聽命於人，難以展現個人才華。這是因為他們從未肩負重任，無法激發個人潛能。

巨大的責任最能激發個人應對困難的能力，以及開創事業的才華。賦予一個人重大的責任，把他逼入絕境，反而會促使他們振奮精神，憑藉自身能力，去完成任何不可能的任務。與此同時，他會養成自信、堅韌等優良品質。因此，親愛的讀者，**如果有重大的責任降臨到你的身上，請愉快地接受吧，因為這是你走向成功的天賜良機。**

5

增長財富需要的個性特徵

一

如果缺乏果斷決策的能力，你的一生就會像一葉孤舟，
漂流在充滿狂風暴雨的汪洋大海裏，
永遠到達不了成功的彼岸。

5.1_　行事果斷

意志堅定、行事果敢的人，

雖然難免都會犯錯，

但他們仍然要比那些做事畏首畏尾的人要強。

　　世間最可憐的就是那些三心兩意、猶豫不決的人。一旦自己有甚麼事情決定不了，必定找他人商量。這種人瞻前顧後，既不自信，也不會取信於他人。

　　缺乏判斷力的人，不懂得辨別事情究竟是好是壞，是凶是吉。他們總擔心今天的事情明天會出現變故，以至無法即時做判斷。他們處事太過優柔寡斷，既不敢親自下決定，又不敢承擔責任，結果往往無法實現自己的夢想。

　　「優柔寡斷」、「猶豫不決」是陰險的敵人，你要即日和它們開始鬥爭，絕不要等到明天。你要鍛煉自己做事果斷、速戰速決的能力，趁它們還未削弱你的力量、毀掉你的機會之前，先

下手為強，把它們置於死地。

做任何事，都不要給自己留有退路。當然，在決定比較複雜的事情前，必須先權衡各方面的問題，但是一旦打定了主意，就誓要破釜沉舟，絕不要再反覆更改。只有這樣，你才能養成堅決果斷的習慣，既可以增強自己的自信心，又可以贏得他人信賴。你在剛踏入社會工作時，難免會時常作出錯誤的決定，但你必須時刻謹記，**你的人生目標是要培養出自己的自信心，因此你千萬不要因一時錯誤而心灰意冷，而要從失敗中汲取教訓，彌補缺失。**

我認識一名猶豫不決的女士，當她想買一件東西時，一定要跑遍全城所有的商場；當她走進某家商店，便會從地下逛至頂樓，從首個櫃檯逛至最後一個櫃檯；當她在櫃檯挑選貨品時，會全方位的打量每一件商品，批評這個顏色不好，那個款式落伍，三心兩意，最後一件東西也沒有買下來；她還會反覆詢問售貨員各種問題，但通常都會一件東西也不買便離開，令店員感到十分煩厭。

她打算要買保暖衣物，但她既不喜歡穿戴太笨重，又不喜歡過分保暖。她要買一件上山能穿、下海能穿、上教堂能穿、上劇院能穿、一年四季都能穿的「保暖衣物」，這幾乎是「不可能的任務」了，你相信她能夠成功買到這種衣服嗎？

這名猶豫不決的女士，在千挑萬選之後，總算成功添衣，但她回家後仍會懷疑自己買的衣服是否真的不錯，物超所值，然後總要問問他人的意見，之後都會回到店內，調換兩三次

貨，但依然不滿意。

我還認識一個人，他是我的好朋友，也是社會名人，但他做事向來拖沓，要他寫信，他總要到最後一分鐘才肯動筆，然後遲遲不肯將信封起來，因為他總在擔心信的內容還有甚麼地方需要改動。即使信封好了，郵票也貼好了，準備投入郵筒了，他都會疑心疑鬼地把信件再拆開，從第一個字讀到最後一個字，誓要找出錯字，或其他需要修改的地方。

有一次他給別人寫了一封信，但剛寄出即發電報給收信人，叫人家收到信後要原封不動地立刻退回給他作修改。此事結果成為城中供人茶餘飯後拿來冷嘲熱諷的笑話。他在其他方面的才幹其實都相當出色，亦有端正的品格，但正是由於他這種猶豫不決的習慣，使他難以得到他人的信賴。所有認識他的人，都為他的這個弱點感到婉惜。

這種優柔寡斷的缺點，實在是扼殺任何個人潛能的致命傷，造成太多人自信心低落、缺乏毅力，嚴重的更會精神健康受損。如果缺乏果斷決策的能力，你的一生就會像一葉孤舟，漂流在充滿狂風暴雨的汪洋大海裏，永遠到達不了成功的彼岸。

5.2_ 勇於創新

假如你未開始做一件事，
就已經認定自己沒有把握做好它，
那麼你很可能永遠無法完成它。

南北戰爭期間，法拉格特將軍（David Glasgow Farragut）其中一名手下攻城失敗，回來解解種種原因。最後法拉格特將軍補充了一句：「你還有一個最重要的失敗原因，就是你根本不相信自己能完成任務。」

因此，我們每個人都要相信自己的能力，都應練就自己堅強的意志。只有明白這個道理，堅持不懈，你才能功成名就。

無論在哪一個時代、哪一個國家，都會造就一批自力更生、打下一片江山的傑出人物，我們這個年代便有「鐵道之父」史蒂芬遜、「蒸汽船之父」富爾頓、發明了電話的貝爾、發明

了電報的摩斯、發明了無綫電的馬可尼、發明了飛機的萊特兄弟，以及「發明大王」愛迪生，他們都是我們這一代人之中的翹楚。

那些自力更生、獨闢蹊徑的傑出人物，都集勇氣與創造力於一身。他們從不因循守舊，從不模仿他人，更不願墨守成規，故步自封。在人類歷史長河中，要想造就輝煌人生，就必須相信自己。要永不言敗、要勇敢，並富有創造精神和冒險精神。

拿破崙從未學過甚麼兵法，卻能用自己制訂的戰略、戰術稱霸歐洲。美國的格蘭特將軍（Hiram Grant）在指揮作戰時，亦從不照搬戰術，令到他一度飽受將士指責與詰難，但他最終憑藉結束北戰爭、戰勝敵人，而獲得更多世人的認同。美國總統老羅斯福（Theodore Roosevelt）從紐約市警察局局長、紐約州州長、副總統一路走來，同樣絕少照搬他前任的施政方針，一直總是按自己的意志行事，從不模仿別人，最終取得非凡的政績。

那些只懂模仿抄襲別人的人，不論他們的模仿如何成功，他們始終難以和「正牌」人物匹敵；那些沒有開拓精神、膽小懦弱的人，一輩子只能故步自封；那些具有堅強意志和非凡創意的人，永遠都是人類的先鋒。成功不可能通過模仿或抄襲獲得，只能通過自己努力不懈地竭力創造。

美國福音傳教士萊曼比徹（Lyman Beecher）在傳教方面獲得成功後，其傳教手法、姿勢、甚至神態，都被無數的年輕教士所「學習」模仿，但這些年輕人之中沒有一個人取得相同成

就。這就是模仿他人難以成功的典型例子。

富有創造力的人才，永遠都是各個行業所需要的精英，永遠都是社會的寵兒。時代必將那些喜歡模仿、因循守舊、盲從、缺少開拓精神的人，遠遠拋在後面。能夠掙脫舊觀念、開創新局面的人，永遠都會被不同時代所需要，他們的終點必定被燦爛的陽光所照耀。

今日的世界之所以如此文明、進步，都是前人戰勝迂腐、落伍、愚昧和迷信思想的結果，都是人們努力開創新局面、開拓新思路的結果。這些創造者為了讓社會得以進步，而作出了巨大的貢獻，並屢創新奇跡，推動歷史巨輪前進。其實我們每一個人都具備勇氣、堅忍、決心、創意等「成功」的能力，它們就隱藏在我們的內心深處，視乎你是否願意主動開發它們。

5.3_ 誠懇和機智

真正的好朋友會在你深陷麻煩時，

竭盡全力來幫助你；

真正的好朋友會在你獲得勝利時，

為你感到歡喜，

並將你的喜訊公告天下，隨時隨地誇獎你。

　　如果你是醫生，替人醫好疑難雜症，真正的好朋友一定會替你做宣傳；如果有人暗地裏說你的壞話，真正的好朋友肯定會為你極力辯護，甚至予以回擊。

　　你希望擁有這樣一個真正的好朋友嗎？那麼你一定要學習「誠懇」待人。「誠懇」兩字尤其可貴，唯有真摯誠懇待人，才能結識真摯誠懇的朋友，才能結識樂意幫助你、提醒你、支持你的好朋友。能在事業上有所成功的人，一定同時能夠結交許多朋友，並且獲得他們的信任。

對每一個人而言，「誠懇」都是安身立命的無價之寶，「不誠懇」則是一把可怕的利劍，會帶給我們不良的影響。但「誠懇」不等同直率，許多人就是過於直腸直肚，總把自己的才能、學識和盤托出，結果讓人誤會他們是在自誇，給人留下愚笨、不機智的印象，如此就很難給人營造出「誠懇」的感覺。

　　那些既缺乏機智、又不誠懇的人，是很不幸的。他們常常自以為很幽默，經常拿人開玩笑、搞惡作劇、甚至幸災樂禍，結果以前的朋友都對他們敬而遠之，再也不敢相信他們，甚至如遇見瘟神般躲避他們。他們言語尖酸刻薄，處處耍小聰明，喜歡到處惹是生非，不時笑裏藏刀、指桑罵槐、冷嘲熱諷，這種人誰看見了都會覺得討厭，一生一世都難以交到好朋友。

　　我們經常可以遇到一些特別喜歡遮掩自己缺點的人。他們也許長相有些缺陷，也許所受過的教育不多，也許舉止粗魯，結果總在想盡方法加以掩飾。但如此一來，他們無形中便顯得極不誠懇，予人不良好的印象，使人無法與他們真心交往。

　　待人接物除了要誠懇之外，還需佐以相當的機智。機智對個人的一生有着巨大的價值，比書本裏的知識更要價值連城。缺乏機智的售貨員很可能一件商品也賣不出；缺乏機智的銀行職員常常讓垂手可得的資金眼白白流走；缺乏機智的律師出庭抗辯時必定一敗塗地；缺乏機智的營業員可能吸引不到一個顧客。醫生要醫治病人，要經營診所，更需要機智。做企業的管理層有了機智，就可以避免許多勞資糾紛。總括言之，機智在人際交往中會給人帶來許多切實的好處，每個人都應該學習這種寶貴的能力，並加以運用。

5.4_ 物盡其美

「這裏的一切，都追求盡善盡美。」

這句格言被刻在某公司一座雄偉的建築物上。

「追求盡善盡美」值得成為我們每個人一生的格言。如果我們每一個人都能夠實踐此格言，做甚麼事都盡心盡力，力求完美，那麼人類的福祉不知將要增進多少。

為完成一件工作，便需要有十足的準備，並且付出最大的努力。法國著名小說家巴爾扎克(Honoré de Balzac)有時為了寫小說的其中一頁，而花上一星期的時間；英國著名小說家狄更斯(Charles Dickens)為了一次演講，而準備了六個月的時間。這些偉大的作家，就是以經年的時間，去著成一部又一部的經典，建立自己的名聲。

世上有無數人做事馬馬虎虎，對工作敷衍了事，最終一事無成，一生處於社會的底層。人類的歷史便提供了許多類似

一生的資本

的例子，當中的涉事人就是由於疏忽、膽怯、敷衍、懶散、輕率，最終釀成慘劇。

不久前，在賓夕凡尼亞州的奧斯汀鎮，因為堤霸工程沒有嚴格按照設計圖則去興建石基，結果釀成決堤，導至全鎮被淹沒，無數人死於非命。像這種因工作疏忽而引起的慘劇，在人類生存的家園隨時隨地上演。無論在甚麼地方，都總有人做事不要求自己盡善盡美，不斷重犯疏忽、敷衍、偷懶等錯誤。

每個人都應該認真盡責地做事，不能怕困難，更不能半途而廢。如果大家都做到這一點，不但可以減少很多人禍，更可以讓每個一人都獲得高尚的人格。

你一旦養成敷衍了事的陋習後，你的工作效率必定低下，你生產的產品質素必定低劣，你的誠信便會逐漸失去，你的人品、人格必遭人蔑視。請謹記：粗陋的工作只會在不知不覺中摧殘你的理想，使你墮落，阻礙你前進、進步。

做任何事都必須擁有非完成不可的決心，才能踏入成功的門檻；要真正獲得成功，就非得追求盡善盡美不可，世上為人類創立新理想、新標準、揮舞進步的大旗、為人類創造幸福的人，皆是如此。假如你做任何事都只要求「尚佳」便滿足，或是半途而廢，那麼成功將與你一生無緣。

大部分的青年都在不斷尋找發揮自己才能的機會，卻不知道機會往往就藏身於極平凡、極低微的工作之中。年輕人常常都自問：「做這種乏味的工作，有甚麼希望嗎？」他們似乎都不了解，只有做好現在的工作，才能使自己的價值得到提升；只

有忠實地履行日常工作職責，才能踏上升職的唯一途徑。

曾經有人說過：「輕率和疏忽造成的禍患，只在伯仲之間。」有許多青年之所以失敗，就是因為做事輕率。其實年輕人們只要把自己的工作做得比別人更完美、更迅速、更正確、更專注，並出動自己所有的智慧，力求創新，這樣便能引起注意，獲得更多更好的發揮機會。因此，不論你的月薪是多是少，都請你不要輕視和鄙棄自己目前的工作。

許多人藉口時間不夠，以致工作粗劣，其實人人每日都有着充足的時間，可以做出最好的工作成績，這就是成功者和失敗者的最大區別。如果養成做事務求完美、善始善終的習慣，人生就會充實滿足。在做完一件工作以後，你應該和自己說：「我喜歡做這個工作，我已竭盡全力、盡我所能來完成它了，**我更樂於聽聽對我工作的批評。**」

成功者無論從事甚麼職業、做甚麼工作，都會力求盡善盡美，絲毫不會有所鬆懈，精益求精。

5.5_　正直的操守

林肯的美名從來不曾隨着歲月的流逝而消失，
反倒與日俱增，婦孺皆知，
這是因為林肯的一生都保持着正直的品格，
從來沒有玷污過自己的人格，
從來不曾損毀過自己的名聲。

　　林肯做律師時，有人聘請他擔任辯方律師，為明顯理虧
的被告人辯護。林肯回答說：「我不能做。如果我按你
所說的做了，出庭陳詞時，我會不知不覺地高聲對自己
說：『林肯，你在說謊。』」

　　公道、正直與誠實這些美德，林肯無一不具備。倘若缺乏
這些種種美德，試問他怎麼能完成如此轟轟烈烈的事業？
　　如果一個人從事着不正當的職業，戴着假面具生活，他日

後必定會鄙視自己，他的良心將不住地拷問自己的靈魂：「你是一個欺騙者，你不是一個正直的人！」這就會使他的品格變得敗壞，使他的力量遭到削弱，最終徹底葬送了自己的自尊和自信。

在人類的歷史上，還有誰能像林肯那樣流芳百世呢？看來這的確印證了一句話：「正直的操守，是世界上最偉大的力量。」

如果一個青年在剛踏入社會的時候，便決心培育自己的品格，作為日後的資本，做任何事情皆以至高尚的道德操守來約束自我，那麼，**即使他日後無法獲得名與利，也不至於會失敗。**那些品格墮落、失德失信的人，永遠不可能成就真正偉大的事業。

人格操守是事業上最可靠的資本，但多數青年對人格操守都認識不足。他們過分注重技巧、權謀和詭計，卻忽視了對正直品格的培養。為甚麼有那麼多公司甘願以高昂的代價，用去世數十年、甚至數百年的偉人的名字，作為自己公司的名字呢？這是因為那些偉人擁有高尚、正直的品格，其信用尤如直布羅陀的岩石一樣堅固。商店使用他們的名字，便能讓消費者感到可靠、安心。

其實每一個人都應該認識到，在自己的體內有一股富貴不能淫、威武不能屈的浩然正氣，一些青年亦心知肚明品格的重要性，但他們仍然繼續依靠技巧、詭計和欺騙作為基礎，去建立自己的事業，實在令人匪夷所思！不過，亦有相當多的年

輕人是把自己的事業建立在正直品格上的，他們將來獲得的成功，必定會名副其實，具有真正的價值和意義。

但凡歷史上真正的偉大人物，都不會為了金錢、權勢、地位等種種誘惑，而出賣自己人格的。人應該不惜一切，去維護自己正直的品格。即使面對巨大的、難以抵制的誘惑，也千萬不可出賣自己的人格。

不論你從事甚麼職業，你都要從中建立自己高尚的品格，而不能只着眼於工作與業績。不論你是律師、醫生、商人、文員、農夫、議員，抑或政治家，你都不應忘記自己的身份，是一個品格正直、品行高尚的人，只有這樣，你的職業生涯和生活才會有意義。

誠信是最好的策略

不久前，一位布料商人為自己的店舖大做宣傳、大賣廣告，強調自己的布料是如何價廉物美，自己店裏的生意如何絡繹不絕，店員忙得如何不可開交，但其實這些廣告所述都不是真的，該名商人只希望人們見到這樣的廣告，便信以為真，然後爭相前來買布。請你想一想，假如你光顧該名商人的店後，發現自己被廣告所騙，你還會再買他的布嗎？

許多人把說謊、欺騙視為謀取利益的必然手段，以為說謊、欺騙能夠帶給自己好處。即使一些信譽良好的公司，也常常以動人的廣告來掩飾自己商品的缺點，欺騙消費者。有很多人認為，「欺騙」在商場上是必要的，是重要的，要在商場上處處講真話，幾乎不可能。

在美國國內眾多商行中，大多數商店都只能曇花一現，很少有百年老舖出現，這是與他們毫無誠信可言的商譽有關。他們開業時通過欺騙的方式斂財，雖然生意會繁榮一時，但其事業猶如在沙上建樓，沒有根基，結果生意日趨清淡，業務逐漸收縮，最終只能關門大吉了。他們只懂得欺騙顧客，從中得到好處，卻不知道當其行騙手段被顧客揭穿後，便會失去顧客的信任。

商業社會中，最大的危機就是失去誠信。在經濟蕭條時，有人喜歡欺騙顧客，利用投機取巧去謀取利益，不講真話或刻意隱瞞真相。雖然他們因此而能在短時間內賺了一些金錢，錢包是鼓脹了一點，但他們的人格和誠信卻就此永遠被敗壞了。其一生的損失之多，並非金錢可以彌補的。

新聞報道亦常常有扭曲、渲染事實、穿鑿附會、顛倒是非的情況發生，這是非常不要得的，因為事關一份報紙的聲譽。如果一份報章總是製造虛假報道，不久後便會獲得「說謊者」的名聲，公信力受損，讀者不再信任它，銷量自然大幅度下滑。只有那些誠實報道、立足於事實真相的報紙，才是新聞界的中流砥柱。

一生的資本

經欺騙而獲得的益處，是短暫的，是微不足道的；但靠講真話而又建立回來的誠信聲譽，其價值將高出不止百倍！

不過，現在已經有許多人或機構，即使曾經說謊，但最終都痛改前非，意識到建立誠信是最好的營商策略。他們發現用欺騙方法謀利，最終只會得不償失。現時美國有好幾家大商行、大公司，就是因為懂得以誠待人之道，而生意蒸蒸日上，市價攀上數以百萬美元的高峰。誠信是世界上最好的廣告。

從事合乎道義的工作

前幾天，我遇見一位青年，問他做甚麼工作，結果他面有難色地告訴我，他已經做了 6 年娛樂場所的老闆。他很討厭這份工作，即使他能夠從中賺大錢，卻一直被人瞧不起。他信誓旦旦表示，有了一定的積蓄後，他就會離開這個行業轉行去，但我認為這個年輕人是在自欺欺人。

許多年輕人對自己的工作感到羞愧，不願意告知別人；許多年輕人做着於心不安的工作，卻壓抑着內心的掙扎與反抗，不斷尋找各種藉口來安慰自己、麻木自己。他們會說這個工作賺錢多，他們願意再等幾年、儲蓄多個錢，才轉行做正當的事。這其實是在麻醉自己的良心，在逃避現實。

凡從事不正當工作的人，時間一長，是非就會混淆，良心就會泯滅。他會覺得為了賺錢而不擇手段，也是值得的。有些年輕

人本應完全可以從事自己喜歡的職業，開拓光明正大的前途，大有作為，卻自甘從事貶低人格、違背理想、扼殺真善美的工作。這樣子委屈自己，弄得自己身心俱疲，實在是非常可悲。

當你明白自己從事的工作並不正當，就請你立刻辭掉這份工作吧！假如你對工作的好壞分辨不清，就請你趕快放棄吧！千萬不要拖延，要趕快回頭，以免日後悔之晚矣。

年輕人找工作，寧忍受貧窮，也不應做出有損人格、犧牲自尊、有違良心的事。世上可供選擇的工作何其多，何必去做那些不正當的工作呢？年輕人擇業不應以薪水、名利為標準，要選擇那些足以發展自己才能、維護自己人格的職業。切記人格永遠比財富偉大，比虛名崇高。

5.6_　尊重自己的職業

每個人一生之中，

有大部分時間都在工作中渡過，

因此學懂尊重自己的職業、選擇一份適合自己的工作，

是極其重要。

　　一個不會尊敬自己的人，肯定會輕視自己的工作，繼而敷衍了事。他們工作時會時常覺得受到束縛，感到勞碌、辛苦、煩悶，沒有任何趣味可言，無法發揮所長，結果是工作一定不會做得好，將來亦不會有傑出的成就。

　　在社會上，有太多人不尊重自己的工作，只將工作視為以勞力換取麵包的「等價交換」，是不可避免的勞碌。他們不當自己的工作是一番潛力無限的事業、發展人格的工具——這真是愚蠢到家了！

　　人往往要在困難之中奮鬥，才能激發潛能，培養勇氣，鍛

煉出堅毅和高尚的品格。抱怨、推諉是懦弱、不自信的表現，常常抱怨工作的人，終其一生，絕不會獲得真正的成功。

鄙視、厭惡工作不可能引導你走向成功。**假如你受環境所迫，要從事乏味的工作，你應當設法在這沉悶的工作之中，找出樂趣來，這才是我們對工作應該持有的態度。**在任何情況下，都不能對自己的工作表示厭惡。只要對自己的工作充滿熱情，無論做甚麼工作，都會獲得不錯的收穫。樂觀的精神和百折不撓的熱情，才是成功者的指南針。

一個人的職業是他親手樹立的雕像，造型是美是醜，是可愛還是可憎，就由他的一舉一動，親自決定。因此，不論你的工作如何卑微，你都要以十二分的熱忱，把自己從平庸的境況中解脫出來。只有這樣，才能將你的工作變為趣事，厭惡感也會隨之消失，你就再也不會有勞碌辛苦的感覺了。

如果一個人能夠在工作中充分發揮所長，並以自強不息的精神、火一般的熱情投入其中，那麼不論他從事的是甚麼工作，都不會覺得辛苦。**如果我們能以充分的熱誠去做最平凡的工作，也會取得很好的業績；如果我們以冷淡的態度去做最高尚的工作，也只能成為平庸之輩。**職業無分貴賤，各行各業都有提供發揮才能、提升自己的機會，因此我們不應輕視任何工作。

做任何事都應當全力以赴，若能處處以主動、努力的態度來工作，那麼即使從事最平庸的職業，也能增加經驗與財富，掌握邁向成功的秘訣。只要你的生活不太呆板，做事手法不太

機械，就能不斷在工作中發現興趣，然後全力以赴地做好工作。你是否擁有這種精神，將決定你日後的成功與失敗。

對工作敷衍了事，形同糟蹋自己，因此任何人都應該切記要有以下的志向：不論事情如何困難，都要力爭做到盡善盡美，並從工作中挖掘、發揮自己的特長。

5.7_ 堅毅

堅毅是一把萬能鑰匙，可以克服一切困難，
試問哪一個行業可以不經過堅毅的努力，
而能夠獲得成功？
開鑿山洞、建築橋樑、舖設鐵道，
有哪一樣工程可以不經過堅毅的努力，
就能夠完成的？

　　在農村，有很多人就是因為堅毅，而取得成功。柔弱的女子就是因為堅毅而戰勝困難，勇挑養活家人的重擔；殘疾病人就是因為堅毅，而能夠自給自足，甚至養活家人；貧困的孩子就是因為堅毅，而能夠透過拼搏找到人生出路。

　　有堅毅品質的人，才能夠終日奔波而不知疲倦，生活困頓而不悲觀沮喪。一個想成就大事的人，堅毅的秉性是他的首要特質。一個人若要想獲得事業的成功，或許可以缺少其他品

質，但絕對不能不堅毅。

成功者的經驗說明：堅毅是克服貧窮的利器。縱觀歷史，以堅毅為資本而致富的成功年輕人，要比以金錢為資本的成功人士多得多。**有些人一旦經歷失敗，便把它視作拿破崙的滑鐵盧，從此勇氣不再，萎靡不振，但那些剛毅的人則相反，他們只會越戰越勇。**

哥倫布正是因為堅毅，才能克難遠航的險阻，發現美洲新大陸。在這個世界上，沒有東西能夠取代堅毅，教育代替不了，父輩的遺產或當權者的垂青也代替不了，命運更代替不了。

有一類人做任何事都會有明確的目標，並全力以赴，當面對失敗時，他們亦能平靜地一笑置之，然後以更大的決心前進。身為南北戰爭大英雄的格蘭特將軍便是如此，他從不知道屈服為何物，也不知何為「最後的失敗」。在他人生的字典裏，也找不到「不能」和「不可能」，任何災難、不幸都不會使他灰心喪氣。

已故的克雷基夫人 (Marquise de Créquy) 曾說：「美國人成功的秘訣就是不怕失敗。他們不遺餘力地專注於要達成自己的目標，屢敗屢戰，越戰越勇，直至取得最後的勝利為止。」

勇敢堅毅是偉人的共同特質。歷史上那些功成名就者，都是由堅毅造就的。真正的堅毅者，總是埋頭苦幹，直至事業有成。發明家苦心鑽研，歷經艱辛，一旦獲得成功，擁有的便是無窮的喜悅和成就感。世上所有偉業，都是由堅毅的勇者打

造出來的，當其他人選擇放棄時，他們卻能一如既往地堅持下去。

那些一心渴望成功的人，不會把一兩次失敗看成最終的結果，縱然失敗了，他們仍會努力不止，奮鬥不息，在每次失敗後都能重整旗鼓、加倍努力，直至達到最終目標。

缺乏堅毅這種品質的人，一旦成功，只會如小人般得志猖狂。真正的他們其實不敢冒險，一遇困難便退縮，往往錯失了所有良機。

很多人開始做事時，都會信心百倍，但由於缺乏堅毅，結果半途而廢。**任何事都是起頭容易堅持難，就像賽跑一樣，勝負並不取決於選手起跑時有多快，而是看誰最快到達終點。**要評價一個人的才幹，不能單看他剛開始時做了多少事，而要看他最終的成就。

我認識一名經商的朋友招聘員工，面試者見工時向他列數自己的眾多優點。那名經商的朋友反問：「你能夠長期保持這些優點嗎？」這的確是一個值得深思的問題。

當我們評估一個人的才幹時，首先要發掘此人有甚麼優點，然後就是要了解此人是否有足夠的恆心、毅力與堅持，讓自己的優點長期保持下去，確保自己的工作能夠順利完成。因此，堅毅勇敢的精神最為寶貴，只有具備這種精神的人，才能克服一切艱難困苦，取得最後勝利。

5.8_　向善之心

人活着便應該善待他人，
樂於助人，
這樣才能贏得大家的尊敬，
才會擁有真正的快樂。

從前有個國王，他非常疼愛自己的幼子，給了小王子想要的一切東西。但是小王子並不快樂，他十分憂愁，整日愁眉不展。

有一天，一個有名的魔術師對國王説，他可以讓王子快樂起來。國王笑着説：「如果你能做到，你想要甚麼，我都會給你。」魔術師帶着小王子進入一間密室。在密室中，魔術師用白筆在一張紙上寫了幾個字，然後交給小王子，叫他到另一間暗室裏，點一根蠟燭，放在紙下

面，看紙上會有甚麼事發生。之後，魔術師便離開了。小王子其後走進了暗室，把紙放在火焰上，結果紙上出現了 7 個字：「每天做一件善事。」小王子自此日行一善，不久後就變成了一個快樂的孩子。

有一次，一名哲學家問他的學生：「世界上最可愛的東西是甚麼？」學生都搶着回答，但許多人都答錯了。最後有一名學生答道：「是善。」哲學家開估：「對，回答得很好，就是善。只有善良的人，才對得起自己的良心，對得起自己的好朋友。」

這個世界最難能可貴的資本是甚麼？答案就是善良、誠懇、坦率、慷慨。擁有這些品質的人，即使沒有一分錢的財富，也能成就偉大的事業。

人生最寶貴的美德就是與人為善。如果你能真的明白這一點，再盡力去幫助別人，你將會有驚人的成就。假如你給予別人的幫助越多，你的收穫也會越多，但你要切記自己並非為了要獲得實質的回報，而給予別人幫助和鼓勵。

那些對他人漠不關心的冷漠小器之人，往往會使自己處於孤立無援的境地。許多人亦由於過分自私，以至總是看到別人的缺點。人性最大的弱點之一就是誤解他人、妄斷他人、指責或不信任他人，但現實是惡人中也有善人，守財奴中也有慈善家，懦弱者中也有英雄。

一生的資本

我們要學習看到別人的長處，要與人為善，要存有憐愛之心。如果只用惡意的眼光看待他人，那將永遠發現不了別人的長處。世界上有很多人給慈善家建立紀念碑，這些紀念碑不僅僅是冰冷的石像或銅像，它們代表着慈善家的精神，將永遠留在我們心中。顯而易見，善良能給予我們豐足的回報。

6

致富需要具備的八大能力

—

請你記住，「從事你最能勝任的工作」
是你決定一生事業的唯一定律。

6.1_ 應對得體

哈佛大學校長艾略特(Charles William Eliot)曾經說過：
「有教養的青年應該懂得正確運用語言，
這是一項基本能力。」

　　說話得體在社交上尤其重要，但在現今社會卻備受忽視。在公共場所如大街、交通工具上，我們便能常常聽到有人頗為得意地講着粗俗不堪、不堪入耳的說話。請你時刻記住，談吐絕對能夠反映你的個人質素和過去，如同標籤一樣一目了然，讓人對你有基本的認識。

　　有些不務正業的年輕人，總喜歡和一幫朋友閒侃無聊的話題，結果他們人生最美好的時光，都在不知不覺間被消磨掉，其精神、意志亦在不知不覺間被耗盡，最盡養成人云亦云的陋習。

　　能言善辯、巧舌如簧的人，最易引起大眾的興趣和關注，

亦最易成為各行各業中的成功者，因為與這些人交談，往往都是一件非常愉快的事。說話頭頭是道的醫生更能取信於病人，言必有據的律師更能打勝官司，口齒伶俐的店員更能留住顧客。即使一無所有的窮人，能說會道也能助他累積財富。

善於辭令的人，大都能做出不俗的業績。一些人就是因為談吐得體，結果得到了令人羨慕的職位，晉身國會，甚至獲得永垂不朽的名聲。然而，一個人僅憑談吐向人展示充滿朝氣、活潑開朗的性格，是不足以得到令人羨慕的職位和薪水的。你應該要同時關注別人的說話內容，即使你其實毫不感興趣，也不應該不加理睬，否則，你將難以引起別人的注意。

有些人之所以不善言辭，就是因為他們不重視談話技巧，目不識丁，只懂信口開河，結果令自己說話時思緒雜亂，水準盡失。

每一個人都應該在談吐方面下工夫苦練。如果你想提高自己的口才，你可以透過閱讀大量書籍，去充分提升自己的學識，鍛煉自己的思路，令自己的說話有理有據，邏輯更清晰，層次更分明。再加上優雅簡潔的語言，你便能夠做到談吐得體，令人愉快。

想提高自己的口才，除了應注意上述事項外，**還應該要建立有教養的社交圈子，多與有教養的朋友來往。假如缺少高尚的朋友，你的言談必然會變得庸俗。**

有些人擁有豐富的思想和無數新穎的觀點，但他們講話時，不是詞不達意，就是囉囉唆唆，讓人不知就裏，不明所

以。他們缺少的是生動的詞彙，以及靈活的說話技巧，因此他們往往都難以表達自己，難以取得他人讚賞。

其實一般人在言談中都不時會有忘詞的情況發生，他們或許是因為過度緊張，或準備不足、鍛煉不夠，而導至自己說話不順暢。如果你也是經常這樣的話，就要多加努力。你可以多看書，從書中獲得新觀點，擴闊自己的視野，繼而豐富自己的思想。同時，你亦應該學習修辭方面的知識，注意遣詞造句，這亦是提高口才的好方法。只有在言談方面不斷下工夫苦練，你的應對能力才能不斷提高；只有付出艱苦的努力，才會有好結果。

6.2_　機智

有些人因為不夠機智，不能隨機應變，

而造成巨大的損失，

這樣的例子其實在日常生活中比比皆是。

　　不夠機智可能導至商家失去生意、律師失去業務、作家失去讀者、牧師失去信徒、政治家失去民眾擁護，教師失去學生信任、朋友傷了和氣……

　　有些人由於缺乏機智，而不能有效發揮自己的才能，甚至白白浪費了自己的才能。一個受過高等教育、有極高造詣的人，如果缺乏機智，其事業一樣會舉步維艱。因此，即使你的學問再好，也必須擁有機智，才能做到隨機應變，有效地發揮自己的才能。假如你同時培養出堅忍不拔的精神，你就一定可以事業有成。

　　機智在任何行業中，都是一筆極大的資本。假如一個商場

經理足智多謀，他策劃的宣傳活動勢必成功吸引到更多顧客光顧。一個著名的商人在總結自己的成功要素時，認為最重要的就是機智，其次才是熱忱、商業常識和衣裝。

說了那麼久，**到底「機智」是甚麼？就是既能利用已知和未知的東西，又能巧妙地掩飾自己的不足之處。**這是一個機智的人擁有的優勢，令他們更容易獲得別人的信賴與尊敬。

人之所以會缺乏機智，一是因為他們看不清形勢，二是因為他們頭腦不夠敏銳。

我認識一個具有領袖潛質的朋友，其事業一直不順，這並非因為他不努力，而是因為他缺少機智。他愛惡分明，拒絕與不喜歡的人合作；他常做一些令別人感到不舒服的事，或者無意中傷害了別人，這些弱點將影響他的一生。

我又認識一名生活在城市的女子，她到鄉下朋友的家度假回來後，便給招待她的朋友寫了一封「感謝信」。她在信坦白地說回家的感覺真好，因為在鄉下地方經常被蚊蟲叮咬，實在住不慣。我的這名朋友本想表達感激之情，卻因為不夠機智，而事與願違，無意中傷害了好朋友。

機智的人與人初次見面，總能找到符合對方心理、令對方感興趣的話題。他們非常善於交際，不會過多地談論自己的事，而能夠將話題集中在大家都感興趣的事情上。即使對一件事不感興趣，機智的人也不會輕易表露。不過，傻瓜卻恰恰相反，他們喜歡以自己為談論中心，喋喋不休地談着自己關心的話題，卻忽視了別人的感受，因此不討人喜歡。

機智是一種很重要的優良品質。沒有機智，就不能隨機應變，不能處變不驚；有了機智，就能充分發揮自已的潛能，應對瞬息萬變的複雜社會。

如何才能掌握機智呢？一個作家如此寫道：

對人類的恐懼、希望及其他種種情緒，要表示同情；

任何事情都要先從別人的角度去思考，設身處地為他人考慮、着想；

表達反對意見的時候，不應傷害他人；

要快速判斷事情的好壞，必要時，要作適當忍讓；

切勿固執己見，要謹記你的意見只能代表你自己，不能代表其他成千上萬的人；

要有真摯、寬厚的態度，以消除矛盾；

無論遇到多麼尷尬的事，都要敢於承受；

更重要的是，要有溫和、快樂、誠實的態度。

6.3_ 掌握商業知識

一些誠實善良的年輕人，為了長遠將來，

而積極勤奮地投身工作，在生活中節衣縮食，

然後辛辛苦苦累積了一些財富，

以備將來不時之需，

但是他們最終也無能搭建自己的安樂窩，

為甚麼呢？

　　因為他們缺乏基本的投資、商業知識，儲蓄到老年時都很快地耗盡了。

　　在現今社會中，其實有很多人依靠「行騙」維生。他們只需設計一個巧妙的廣告、或印刷一張誘人的傳單，甚至是明目張膽地策劃一項具欺騙性的宣傳活動，便能輕易地將別人的錢，轉移到自己的銀包。假如你不懂得如何有效地保護自己的財產，便會很容易被居心不良的人所騙。

由貧窮中奮鬥出來的人，亦需要具備商業常識，才不至於將自己的血汗錢拿來進行不妥當的投資，然後眼白白地拱手讓人。許多人為免損失和麻煩，而委託給律師或商業經紀人，去「全權」代理自己的資產。假如你是其中的一分子，就請你必須小心謹慎選擇代理人，一定要確認受託人是否誠實可靠。很多經驗不足的人，尤其是婦女，就是由於不懂這些商業原則，不明白「全權委託」的真正含義，而制定了不恰當的合約，結果輕易地把自己的產業拱手讓人為所欲為，最後蒙受到巨大損失。

　　現時很多學校都沒有教授學生最實用的商業知識，導至許多年輕人即使畢業後滿肚子學問，卻對商業社會如何運作一無所知，最終成為「騙徒」的犧牲品。父母在這方面亦有責任，因為他們把子女送到學校之後，對子女是否已經了解普通商業原理和一般商業技巧，也是不聞不問。

　　儲蓄、投資絕非想像中那麼簡單，甚至那些素有豐富投資知識和經驗的人，都會覺得困難，對那些沒有受過商業訓練的人來說，更是難上加難了。**要避免生意失敗或傾家蕩產，就必須在學校加強商業常識的教育。人們自幼就開始培養自己商業知識，那麼那些居心不良的商界騙子就無法下手了。**

6.4_　選擇適合的職業

「哪一種職業比較適合我呢？」

這是每個年輕人早晚都會遇到的問題。

如果一個青年找不到合適的職業，

那麼他的生活一定十分無聊。

「良好的職業」應該要對你的發展有益，能夠幫助你不斷進步，能夠讓你學到精湛的技能，讓你的前途一片光明。在有選擇情況之下，你不應從事那些工作繁重、損害健康又永無假期的職業，那些條件過於苛刻、又不適合你的工作，更是完全沒必要去嘗試。請你不必為自己的職業擔心，只要選擇那些適合自己的工作就是了。

千萬不要從事不正當的職業，即使你有「鋼鐵大王」卡耐基 (Andrew Carnegie) 和富商皮博迪 (George Peabody) 的才能，做不法勾當也會使你內心不安，難以成功。有些人純粹為了高薪，

就決定從事低賤的職業，卻不知道那些職業將會敗壞他們的人格，損害他們的身體，消磨他們的意志，埋沒他們的才能，阻礙他們有更大的作為，使他們的人生毫無希望。

選擇職業猶如選擇讀物一樣，你要深謀遠慮，選擇「閱讀有益的書」，挑選那些光明正大、利己利人、又適合自己的工作，讓自的人格得到良好發展。不論是誰，如果僅為了要逞強，而忽視培養自己的品格，那麼終其一生，必定碌碌無為。

世界上實在有太多優秀的青年，他們身強體壯、知識豐富、有很好的才能，本來可以有一番作為，卻將自己所有的才華和精力，白白浪費在那些卑劣低微、毫無意義、使人墮落的工作上，埋沒了自己的才幹，白白斷送了前途，真是可惜了。

試想想，如果一個青年僅為了滿足一時的貪慾和快樂，就不惜犧牲自己的人格，置一生的名譽於不顧，去做那些傷天害人的事情，以換取高少許的薪酬，這是明智之舉嗎？該名青年還有面目去見自己的親朋好友嗎？

這個世界上有許許多多的職業，任供選擇，即使去掘溝渠、開煤礦、搬磚石、砌瓦片，也請勿做那些傷害自尊、敗壞人格、違背良心、犧牲快樂、不合情理的工作。

青年另一件最可悲的事，就是**違背自己的良心和意志，去做自己根本不喜歡的工作**。

有抱負的年輕人，本來應該好好利用自己的青春，去過合乎道義的高尚生活。然而當中有很多人卻以「命運不濟」或「謀生困難」為藉口，決定違背自己的天性，拋開自己的自尊，從

事不適合自己的職業，這是多麼可憐啊！

要想成功，你就必須有長遠、甚至是一生的規劃，然後集中精力、全心全力地去實踐它。

凡能成就大事者，遇到重要的事情時，一定會深思熟慮：「我應該把精力集中在哪一方面呢？怎麼做才能無損我的人格、精力與體力，又能獲取最大的效益呢？」

首先，你要尋找一個適合你的性格、才智和體力的環境，然後竭盡全力，在這個良好環境中把事情做得完美，以實現自己的理想。只有在適合自己的環境之中，我們才能暢順愉快地工作。

很多人認為我們應該堅持小時候的興趣、志向，順理成章地去發展一生人的事業。這種想法其實是不對的，因為**許多人都要等到中年、積累了豐富的人身經驗後，才最終確定自己究竟想做甚麼，要做甚麼。**

美國富商皮博迪（George Peabody）目前是舉世知名的銀行家，有人問他最初是如何「邂逅」銀行界的，皮博迪回答：「我才沒有找過它呢！是它自己找上門來的！」其實我們的出生環境、日常生活中常常發生的那些瑣碎細小的事情，往往都會在不知不覺間左右了我們的人生志向。偶爾讀到一本書、聽了一場演講、吸取一個教訓、接受一次批評、獲得一次嘉獎、遭遇一場不測，都可是影響我們一生成敗的關鍵。

假如一件事情，讓你覺得饒有趣味，有把握能夠做妥，那麼你就應該要當機立斷，立即去做。一個人最大的缺點就是猶

豫不決、優柔寡斷，在選擇職業時，種種無謂的考慮與擔憂，只會妨礙自己做決定，影響自己的前程。只有那些勤勉努力、踏實肯幹的人，才能不斷提升自己。我認識的一名博士曾經這樣說：「因為我總是不停地在行動，所以我才能夠取得今天的成就。如果老是想東想西，瞻前顧後，優柔寡斷，是絕不會成功的。」

年輕人在擇業之初，總會茫然失措，總會擔心：「我該怎麼辦呢？我究竟該做甚麼事情呢？怎麼做才能獲得最多機會、最大空間，讓我一展所長呢？」如果有人能即時解答他們這些問題，不但能替他們減少不必要的煩惱，甚至可能間接地影響人類文明的進程。如果世上所有人都能夠在最適合自己的職業上工作，那麼人類文明就能堪稱完美。

我們應該盡早選擇適合自己的職業，這樣的問題對才智過人的年輕人來說，是不難抉擇的，但有更多年輕人會因此而被弄得心緒紊亂、焦頭爛額，不知道自己究竟應該往哪邊發展。擇業的事不能操之過急，也不能過於草率。如果你不能立即做確定，就不妨慢慢來，再慎重考慮一下，但切忌不知所措，讓自己錯失天賜良機。其實在通常的情況下，一個年輕人只要品行端正，肯勤勉努力，即使沒有事業上的野心，也能找到用武之地。

請你記住，「從事你最能勝任的工作」是你決定一生事業的唯一定律！

世界上大多數人只知道要緊緊抓住眼前的工作不放，只把

事業當成一個謀生的飯碗。這種思想既不成熟，亦缺乏深謀遠慮。我們應該把工作與職業視為更廣博的學問，並在工作中力求進步，學習做人處世、待人接物，發展自己。

最適合自己的職業（一）

有些人年輕時其實都有不錯的學識，就是因為從事的工作與他們的才能不相配，久而久之，便磨蝕了他們的意志，令他們原有的才能喪失殆盡。這種情況在現實生活中常常出現，由此可見，不稱心的職業很容易糟蹋人的才能，耗散人的精神。

世上最能摧殘人的希望、踐踏人的自尊、使人喪失鬥志的，就是不稱心的工作。因此年輕人必須要有遠大的志向，才能聚精會神，全力以赴地去發展事業。

正所謂「相由心生」，一個人是否工作不稱心，往往可以從其言行舉止反映出來：他們通常臉上沒有笑容，說話、走路、做事都懶洋洋，提不起絲毫精神，整個人予人一種「快樂不起來」的感覺。

世上最悲哀的事情，就是有家長強迫子女從事不喜歡的工作。家長們自認為是為孩子好，希望子女們能在事業上步步高陞，嶄露頭角，但他們一點也沒有考慮過子女的個性與志趣。這些可憐的孩子常常感到無比的痛苦和壓抑，繼而不知所措。這不僅對子女無益，反而阻礙了子女的發展，令他們生活得不

愉快，事業也無法成功，白白葬送了他們一生的大好前程。

　　以前曾經有一名著名作家這樣說：「那些事業有成的家長，由於非常熟識自己的事業領域，並手握該領域的『成功之匙』，因此經常會理所當然地要引導子女們重踏自己的舊路，把自己的觀點、經驗強加於子女身上。這些家長其實絲毫沒有察覺到，子女是獨立於父母的個體，擁有不同於父母的個人特質，不一定適合從事父母的職業。」到了今時今日，即使整個社會都在進步，環境不斷在變，但上述那些糊塗的家長卻依然繼續一意孤行，斷送子女的前程。所以我要奉勸那些正在擇業的年輕人，父母的意見自然要仔細考慮，但切忌盲目聽從，一定要跟從自己的個性，去做自己最感興趣的工作。

　　我亦要奉勸家長們，當子女找到了稱心如意的工作時，就別再對他們喋喋不休、對他們的職業加以評論了，否則你的子女必定陷入煩惱中。作為父母，你們應該盡可能不要再去干涉子女的工作，讓他們自主獨立。

　　年輕人們除了要當心自己的父母，也應時刻提醒自己，要免受同學、朋友的影響。朋輩間可能經常都會建議你去做律師、政治家、演說家、醫生、藝術家或工程師等等，你千萬不要盲從別人，要三思而後行，要堅持自己的意志，去選擇最適合你的工作。**如果一時間難以定奪，你不妨各種職業都嘗試一下，然後才選擇「性之所近」的工作。**你要仔細思考，分析自己的個性、特徵與興趣，然後問自己：「我對這份工作有多大把握呢？這份工作與我的興趣是否相合？與我的個性有衝突嗎？

我有足夠的毅力、耐性和體力，把工作做好嗎？面對挫折和障礙時，我會半途而廢嗎？我能設法克服這些挫折和障礙嗎？」

如果你能找到一份工作，並且全完解答到上述問題，那麼你就別再猶豫了，放手去做吧！這將會是一份適合你的工作，能夠讓你愉快地奉獻一生，永不抱怨。

最適合自己的職業（二）

如果你選擇了不適合自己的職業，就不可能有所作為。不適合你的職業不僅不會讓你成功，甚至還會剝奪你的生活樂趣。但是，如今很多青年都沒有考慮過這一點，只懂盲目地跟從別人，去做那些看來「很體面」的工作，例如會計師。

有許多人就是因為只考慮到工作的體面，而斷送了自己一生的幸福。**他們以為「體面的工作」就是成功的捷徑，卻無視自己的性格是否合適。**他們完全不懂得「成功」的真正含義。

培養做人處世的能力，比任何事業上的成就都更重要、更有價值。一個人除了理智外，最重要的東西就是感情，感情與我們所擁有的其他一切同樣寶貴。很多受過教育的年輕人剛剛踏足社會時，往往有剛愎自用、自高自大、對人冷淡等壞習慣，要改善就必須從修身養性開始。年輕人啊，你們要努力，成為讓人愉悅、使人敬重的人。

在選擇終身職業之前，你必須先問問自己具備甚麼才能和

志趣。聽起來容易，但其實這是一件很困難的事情，你需要深思熟慮後仍自信能夠勝任，才算得上是「找到最適合自己的工作」。如果你認為自己在工作上缺乏足夠的才能，那麼請你還是早點轉行吧，否則，你將會終生後悔和失望。

一旦你決定了要從事的工作，就應下定決心，打起精神，不斷勉勵自己、訓練自己、控制自己。只要有不可動搖的意志、永不回頭的決心，你的事業才能成功在望。

假如你選擇對了職業，毋須別人監督也能充滿幹勁地工作，時刻感到精力充沛，容光煥發，並能愉快地完成工作，絕對不會無精打采、垂頭喪氣。一份適合自己的職業亦能充分發揮自己的潛能，讓自己進步神速。

只要你的志趣與你的工作相合，你就絕對不會失敗。不過，在工作的過程中，你將會受到外界的誘惑，稍有不慎便會陷入慾望的深淵，不能自拔，在無謂的事情上消耗了很多能量。這樣的人是不可能成功的，你要時刻提醒自己，必須學懂抗拒誘惑。

世界那麼大，每個人總會找到適合自己的舞臺，但是偏偏有人毫無藝術修養，卻要做畫家；有人看見數字就頭痛，卻偏要經商；本來可以成為工程師或藝術家的人，卻一生人窩在百貨商店的櫃檯後面，擔當售貨員，暴殄天物。

當你發現自己的工作沒有前途時，你就應該停下來，認真想一想問題出在哪裏：我整天沒精打采，毫無工作與生活的激情，經常抱怨工作不如意、人生很無聊；我異常悲觀，是否都

是因為我正從事着與自己志趣相左的職業呢？只要你能找出失敗的原因，你仍然可以重新開始人生，再次走上成功的道路。

美國思想家愛默生（Ralph Emerson）曾說：「一個年輕人踏入社會，猶如一葉小舟駛入大江大河，處處都應該謹慎小心，要時刻仔細觀察周圍的障礙與困難，然後設法一一排除，這樣就可以安然穿越河口，駛入大海。」

當你工作時明顯感到精力充沛、信心十足、鬥志昂揚，那麼恭喜你，你已經找到適合自己的職業了。你不用再懷疑自己是否選錯了職業，你那振奮的精神、愉快的心情，將引領你邁向成功之路。

6.5_ 不只為薪水工作

如果要我對剛踏足社會的青年提點意見，

解決切身問題，

我希望年輕人們牢記：

不必太在意薪水的多少，

尤其在你們事業剛起步的時候。

你一定要更在意工作給予你的其他「無形」報酬，例如提高技能、增加經驗、培育高尚人格等。

我們畢業後離開學校，其實只是「轉校」到「社會大學」而已。我們必須繼續抱着「好學生」的心態，時刻謹記工作的目的是為了獲得機會，發揮才能，豐富思想，增長智慧，薪水的高低反而只屬次要考慮。如果一個人沒有了更高尚的工作目的，只為高薪而工作，那最終受害的只會是自己。純粹為了高薪而工作的人，其實一直在欺騙了自己，埋沒了自己的個性，

即使日後奮起直追，也無法彌補自欺欺人所失去的光陰。

一個人的品格，能夠充分體現在其工作中。如果他做事絕不敷衍了事，絕不偷懶混日子過，並不斷地付出努力，不論他目前的薪水是多麼的微薄，他終將也會有豐收的一天。

很多薪水微薄的人，為了報復僱主，都會在工作時敷衍卸責。我希望時下的年輕人要明白，僱主支付給你的工作報酬只是金錢，但你「支付給自己的報酬」卻是珍貴的經驗、良好的訓練、才能的表現、品格的建立，這些東西遠不是金錢所能衡量的。假如你不好好地工作，你將成為自己的「無良僱主」，虧欠自己一生。

即使從利益關節着想，每個僱主都很樂意聘用能幹的員工，公司管理層將根據僱員的業績，來決定晉升。在工作中一以貫之、盡職盡責的人，總會獲得晉升。假如你目前只是普通員工，正在拿着微薄薪水，那麼便請你由這一刻開始，在工作中付出切實的努力吧！只有這樣做，才能保證你將來獲得高薪厚職，以及豐富的經驗。

許多年輕人認為他們目前所得的薪水太少，結果拈輕怕重，工作時敷衍了事，以報復僱主。他們這樣做，恰恰便把比薪水更重要的東西給丟失了，自己的才能、創造力、領導才能也因此被埋沒了，與斷送自己的前途無異。他們終其一生，只能做心胸狹隘、碌碌無為的失敗者。

我希望每個人都能如此看待自己的工作：「我是為了自己而工作；我是為了自己而投身業界。」請謹記，你應該要發揮

自己的才能和創造力，運用自己的智慧，出色地完成工作。在你的事業階梯上，切記不要落伍，要日日求進步，要以積極的心態來做一切的事。只有這樣，僱主才能發現你的潛質。

工作固然是為了解決麵包問題，但在工作中發揮自己的潛能，展現自己的才能，比獲得麵包更可貴。如果工作僅僅是為了麵包，那麼生命的價值也未免太低了。薪水固然是要盡力多賺些，但那只是小問題，最重要的由始至終都是要獲得在社會階梯上不斷晉升的機會。

6.6_ 多交摯友

除了自己，
就只有最真誠的朋友，
能夠鼓勵你，
幫助你實現理想。

　　美國思想家愛默生便有一句經典名言，是關於友誼的：「一個真誠的朋友，勝過無數豬朋狗友。」

　　假如你有一名朋友，了解你的優點和弱點，理解你的志趣，思想與你接近，能鼓勵你全力以赴做好每一件正當的事，打消你胡作非為的念頭，你將會增加不知多少能量、多少勇氣！這個摯友往往能使你產生一種不達目的、勢不罷休的決心。

　　好朋友可以在精神上撫慰我們，勉勵我們提高道德水平，讓我們身心得到更大的快樂。撇開這些不談，僅僅從經營事業的角度考慮，好朋友對每個人的幫助都是難以估量的。那些在

何時何地都能與人交友、建立真摯友誼的人，經常都能得到朋友的幫助，其事業的發展往往是無可估量的。有些剛步入社會的青年，正是因為自己結交到好朋友，而在工作和事業上有了巨大的轉機。

一個商人因為經濟上遇到困難，正在萬分焦急，手足無措，突然有一位朋友過來幫助他、支持他，為他力挽狂瀾，讓那位商人有了喘息的機會，得以重新振作。這樣的朋友是多麼難能可貴啊！

如果能把依靠朋友取得成功的人的歷程，一一研究一番，那將會是很有意思的事。一位作家曾經這樣寫道：「在現代社會，人們完全靠規模龐大的信用組織互相維持着，這個信用組織的基礎，就是人與人之間的互相尊重。」他還說過：「只有在朋友的幫助和擁護下，才不至於失敗。誰也無法單槍匹馬在社會的競技場上贏得勝利，獲得成功。」我們社會中有許多人正是靠着朋友取得成功的。

一個人能否成功，很大程度取決於他擇友是否成功。因此，即使一個見識、能力過人的聰明人，如果交不到甚麼新朋友，那麼他便難以取得甚麼真正的成功和進步。

有一次，英國倫敦的一家報社懸賞，徵求「朋友」一詞的解釋，其中一名參賽者的答案雖然不夠典雅、嚴格，但沒有人能比他解釋得更好了，那就是：「當所有人都捨我而去時，仍然留在我身邊的人。」

但很不幸地，真正的友誼好像越來越難找到，現在的人際關係好像完全變成了一種交易。

　　我見過不少冷酷無情的人。我認識一名商人，他有一條堅定不移的原則，就是「生意第一，友誼第二」，即使一個多年不見的舊朋友滿心歡喜地去探望他，他都只是冷冷淡淡地敷衍了他十分鐘。這種人也許可以發一點兒小財，但為此而犧牲友誼，代價就未免太大了。

　　交友不是隨便玩玩就算了，千萬不可大意。但可惜的是，大多數人並沒有認識到這一點。有很多人，老朋友一個個離去，又不結交新的朋友，結果朋友就越來越少了。

　　如果一個人喜歡過與世隔絕的孤獨生活，見到誰都想躲避，朋友們來探望他時，他不是找藉口推辭，就是隨便敷衍一下，那絕對不是甚麼好事，肯定會阻礙他的成功與進步。

　　如果一個人只顧獨自經營，埋頭自己的事情，對社會經濟動態與發展形勢漠不關心，那麼他實際上就已經走入另外一個世界。你想想，這樣的人，以後誰會願意來探望他呢？萬一哪一天他遇到甚麼災禍，想求助於人，相信也不大會有人理他，到那時才後悔，就為時已晚了。

　　有趣有益的朋友不但可以陶冶我們的性情，提升我們的人格，還可以隨時隨地在各方面給我們幫助。在社會上，我們的朋友能隨時幫助我們，引領我們進入前所未見的新領域。這些朋友都是誠心誠意的，無論是職業上還是生意上，都到處替我們做宣傳。

當我們知道有人信任我們時，會感到極大的快樂，這種快樂能使我們更加自信。如果那些朋友 —— 特別是已經成功的朋友 —— 一點都不輕視我們，一點都不懷疑我們，並能絕對信任我們，更認為我們的才能足以獲得成功，完全可以創立了不起的事業的，我們將會獲得無比的激勵。

有些人命途坎坷，經歷無數艱難險阻，在成功的路途上正要心灰意冷、準備洗手不幹時，突然想起老師的臨別贈言，鼓勵他日後必將成功，或者突然想起慈愛的母親曾含着熱淚，再三叮囑他要成功，不要讓母親失望，於是又重新振作起精神來，以百折不回的意志力和無限的忍耐力，去爭取他們的成功。

朋友有如良師、慈母，能讓正在驚濤駭浪中掙扎奮鬥的青年，獲得一點立足之地，變得更有勇氣，更有力量，以報答朋友們的殷切期望。朋友的鼓勵對任何人都很重要。只有那些自信心過盛、生性粗魯的人，才會覺得朋友的鼓勵對成功並沒甚麼幫助。

從另一角度看，一些天性善良、本應充滿前途的人，最後卻一事無成，與缺乏他人支持、鼓勵和信任有極大關係。因為周圍的朋友總是鄙視他、奚落他，甚至至親的父母師長都說他沒用、無能、不肖，結果便令有魄力的青年喪失了勇氣，不再對前途抱有希望，甚至扼殺自己的優點，不思進取地混日子過活。

上述缺乏關懷的青年，如果有幾個朋友願意真正地信任

他、愛護他，看出他潛藏着的才能，並常常在他身邊加以鼓勵督促，那麼這個青年就會感到非常快樂，再次願意努力爭取未來的成功。

任何人一生下來都必定有其過人之處，假如你看出身邊朋友的獨特能力，請你毫不吝嗇地鼓勵他說：「你將來一定可以成為一個了不起的人物！」這種待人以誠的態度，比任何物質援助都更難能可貴。

交友的巨大效益

社會交往能夠增強一個人的能力，一個人的接觸面越廣，他的知識、道德也就會增進得越多。相反，如果一個人與社會斷絕來往，那麼他的能力也會遭到削減。世上沒有人能夠離群獨處，因此我們應該互相學習，取長補短，在各種團體活動中獲得更豐富的經驗。

假如你經常與別人合作，就能激發出自己更多的潛能。反之，即使你才志過人，也難以單槍匹馬地發揮個人才幹。

和傑出人物接觸，更能增進自己的見識和才能，哪怕你只聽過他的一席話，只要你細心聆聽，便總會受他所影響。如果你能及時吸收傑出人物的知識，遲早會派上用場，對你的前程將非常有用。

反之，如果你接觸的都是弱者，你的精神狀態和工作能力

一生的資本

將會被削弱，使自己的意志和理想開始墮落。因此，人一定要和比自己優秀的人交往。

與一個能夠激發我們生命真美善的人交往，所獲得的將遠遠超過名成利就，對我們有百利而無一害。不和比自己優秀的人接觸，將會是一個巨大的損失。所以，與他人的溝通交流，對我們的人生有着巨大的作用。

其實他人總是在有意無意間把希望、鼓勵貫穿在我們的生命中，在暗中幫助我們，讓我們的心靈得到安慰，讓我們的精神得到鼓舞。我們的大部分成就，總要靠他人的幫助才能完成，只可惜很少有人明白這個道理。

學生之間能夠互相交流和切磋，是學校教育的核心價值。這些交流與合作不僅讓學生的思想變得敏銳，亦能發掘他們的能力，激發他們的志氣，更重要的是讓學生對未來充滿了憧憬和希望。課本上的知識固然重要，但學生彼此切磋得來的知識和體會，價值更大。不管一個人有多大成就、多少學問，如果他不懂與人交往，不和別人一起生活，不懂培養對別人的同情心，不能幫助別人，不對別人的事感興趣，也不能與別人同舟共濟，那麼，他的生命一定會孤獨、冷清、缺少生活的樂趣。

借助別人的力量

任何青年在剛踏足社會時，都應該學會待人接物、結交朋

友，以便互相提攜、互相尊重、互相促進，然後大家一同獲得巨大的成功。

「鋼鐵大王」卡耐基曾經親自撰寫自己的墓誌銘：「長眠此地的人，懂得發掘比自己更優秀的人。」（Here lies a man who knew how to enlist in his service better men than himself.）

大部分美國人都有一個特點，就是善於觀察別人，能夠吸引才識過人的人，與自己共同努力，激發共同的力量。這也是美國成功者最重要、最寶貴的經驗。任何人如果想在事業上獲得巨大的成功，成為領袖，首先就要培育出鑒別人才的目光，識別出他人的優點，讓每個人都拿出最大的本事，為自己效勞。

一位商界名人對我說，他的成功全歸功於自己獨到的眼光，讓他能夠鑒別出誰是人才，並將每一個職員都安排到最適合的位置上。不僅如此，他還努力讓員工們知道自己的重要性，要他們意識到自己擔當的位置，對整個公司都別具重大意義。這樣員工們就能把事情辦得有條有理，十分妥當，完全不需別人監督。

並非每個人都有這種眼力，有些管理人員就是因為缺乏辨識人才的眼力，常常把工作分派給不適合的人，結果招致失敗。雖然他們自己都非常努力地工作，但由於常常將重任錯付能力平庸的人，冷落了有真才實學的人，最終造成自己的事業發展緩慢。

很多人錯誤以為能夠精通、做好每件事情的人，就是「人才」，但實情是**真正的人才往往只能在某一方面有特別出色的表現**，例如寫文章有天份的人，未必有能力晉身管理層。制訂計劃、安排工作、分配資源、控制組織等管理工作，其實需要的是另一門專業技能，與寫文章的好壞根本是兩碼子的事，毫無關係。

一個善於安排工作、用人的僱主，會在管理公司時避免了許多麻煩。他了解每個僱員的長處，會盡力把他們安排在最適合的位置上。很多精明幹練的主管、經理，留在辦公室的時間其實很少，他們常常出外旅行或打球，但他們的公司經營絲毫未受影響，公司的業務仍然像時鐘的發條一樣有條不紊地運行着。他們是如何做到如此的境界呢？他們在管理上有甚麼秘訣呢？答案只有一個：他們有辨人的目光，善於調派人才。

至於那些不善管理的老闆，由於只懂管理一些雞毛蒜皮的小事，往往忽略了最重要的人才管理，這樣的人當然要註定失敗。

6.7_　獲得他人信任

年輕人如想建立良好聲名，

首要獲得他人的信任。

如果你學會了取信他人的竅門，

將比擁有千萬財富更難能可貴。

　　不過，現實中大多數的人都在無意中為自己的前途設置障礙，有些人態度不好，另一些人則不善於待人接物，缺乏機智，結果不能與人有深入交往，更遑論取信於人。世上真正懂得獲得他人信任的人，其實很少。

　　在人際交往中，予人的第一印象往往是最重要、最深刻的。**如果你能做到與人初次見面就能讓對方感到一見如故，那真是太好了，因為最有可能成功的並非那些才華洋溢的人，而是最能令人產生好感的人。**在學校裏，教師認為最有前途的學生，就是最能博取老師歡心的孩子；在公司裏，老闆認為最稱心滿

　　　　　　　　　　　　　　　　　一生的資本

意的店員，就是最能迎合自己心理的人。

這種心理其實誰都會有，只要一個人能夠使我們感到高興、喜悅，便能抵銷其他自身的缺點。如果一個書報推銷員很懂得與人交往，他的一言一語都能打動你，獲得你的歡心，那麼你也自然願意讓他常常跑來糾纏你、甚至令你不好意思不買吧。

與人交流，最好少說自己的遭遇、身世與好惡，多做一個聆聽者。這是你應該要學會的事，你要常常流露出對別人談話的興趣，並仔細地把對方的話說聽完。這樣做對你自己絲毫無損，但能向對方表示出你對他的關心，從而獲得對方的認同。

獲得他人的信任，博取他人的歡心，是做人處世必不可少的。我們周圍有許多例子可以證明，要想獲得別人的信任，首先就要養成令人愉悅的態度。你要時刻臉帶笑容，舉止要輕鬆，說話要活潑。一旦別人從你的身上看不到一點快樂，那麼誰也不會對你產生好感。

任何事業要成功，都需要持之以恆，要獲得別人信任也不例外。良好的態度要一以貫之，千萬不要今天一副笑臉，明天又顯露出粗俗急躁的本性。一個志向遠大、決心堅定的人，做任何事都能善始善終，從來不會半途而廢，否則，將很難獲得他人信任。

6.8_ 奠定信用基礎

剛開始經商的年輕人常有一種想法，

認為個人信用是建立在金錢基礎之上，

以為擁有雄厚資本就等同有信用，

其實是大錯特錯。

與億萬財富相比，

卓越的才幹、高尚的品格、刻苦耐勞的精神，

都要高貴得多。

　　努力樹立自己良好的聲譽，是每個人都應該要做的事情，這會讓其他人都願意與你深交，竭盡全力來幫助你。樹立良好名聲亦是對一個明智商人的最基本要求，從商的人不僅要有經商的本領，為人也要有信用、誠實和坦率，同時兼具決斷能力。

　　本錢不多的商人，只要能夠刻苦耐勞、小心謹慎、時刻注

意商機，保衛自己的商譽，將會有很多眼光獨到的銀行家，願意貸款給他們。對於那些資本雖然雄厚，但品行不好、不值得信任的商人，銀行家們是絕對不屑一顧、不會借出一分錢的。

在貸出每筆貸款之前，銀行信貸部職員一定會詳細了解借貸人的信用狀況：借貸人的生意是否穩定？能否成功？只有確信對方絕對可靠、毫無問題時，他們才會同意貸款。

欠債不還其實是犧牲自己的人格。每個人都應該要時刻記住，「人格」才是他們一生中最重要的「資本」。

美國金融界鉅子羅塞爾・塞奇（Russell Sage）曾說：「堅守信用是成功的關鍵。」一個人一定要立下極大的決心，花費大量的時間，不斷努力，才能取得他人的信任。

我有一次去拜訪一家大型雜誌的主編約翰・格林先生，詢問建立信用的竅門。他歸納出以下幾點：

第一，你必須善於自我克制，注意個人修養，做事要懇切認真，以樹立起良好的聲譽。你應該要隨時設法糾正自己的缺點；你的行動要做到言而有信，踏實可靠，與人交易必須童叟無欺，這是獲得他人信任的最重要條件。

第二，你必須實實在地做出成績，證明自己的確是才識過人、判斷敏銳、並敢於實幹。為了做出成績而出動「銀彈策略」，把多年儲蓄都拿出來，固然值得鼓勵，但假如你能夠展示出某一方面的個人專長，那麼給人留下的印象將會更好、更深，受到格外重視。

第三，有良好習慣的商人，遠比那些沾染種種惡習的人容

易成功。世界上本來有不少人一度跨入成功的門檻，但由於他們染上賭博、飲酒等不良的習慣，令他們不能取信於他人，其事業最終亦因而擱淺，或無法進一步有所發展。沾染惡習的人很多時都沒有自知之明，但身邊有業務來往的人卻能看得很一清二楚。假如你想成功，請你必須時刻謹記要潔身自愛，遠離惡習，好好守護自己的聲譽，作為自己最可貴的資本。

「習慣」最能培育一個人的品格。如果仔細去分析一個人失敗的原因，就可知道多半是因為他們有着種種不良的習慣所至。有些青年本性優良，但因為沾染了惡習，便再也沒有出頭之日。很多年輕人覺得那只是小事，所以很不注重自己的習慣，但久而久之，他們便久而不聞其臭，與出人頭地漸行漸遠，最終懊悔不已，開始反思，但為時已晚。

很多人之所以能獲得成功，靠的就是獲得別人的信任。但直到今時今天，仍有許多商人對建立商譽、取信於人不以為然，不肯在這方面花費心血和精力。這種人肯定不會發達，其事業更可能不用等多久就要失敗。

有志成功的青年，在任何誘惑面前都能堅定意志、不為所動。他們必須善於自我克制：不賭博、不飲酒、不胡亂舉債、不弄虛作假。他們的娛樂應該是正當、有意義的。否則，只要稍有邪念，他們就會讓自己所有的信用、品格和成功，毀於一旦。

我奉勸各位想在商界有所作為的青年：要取信於人，是需要實際行動的，世上不會有人憑空就能得到別人的信任。你們

應該隨時隨地、千方百計地去設法增加自己的信用。

　　你們首先要在財力上建立穩固的基礎，然後努力守護自己優良的品行、美好的人格。你們堅定的意志遲早會被人發現，然後便能獲得他人的信任，繼而走上成功之路。有城中大亨便表示，員工的個人營業額已經不是僱主最關注的事，個人品行是否端正、習慣是否良好反而更重要。

　　越細小的事情，越容易給人留下深刻印象。很多青年容易忽視了這一點，結果約會遲到，借貸遲還，讓別人一眼就能看出你是一個怎樣的人，以及你的信用如何。

　　你也許會想：「那個借錢給我的人，不是很有錢嗎？遲幾天才還錢又有甚麼關係呢？」問題不在於貸款人是否富有，而在於你是否一諾千金。不守信用的人只會給人家添煩添亂，你只要失信於人一次，別人將不再願意和你交往、合作，而寧願去找信譽可靠的人。

　　個人信用是一件非常脆弱的東西，你必須想方設法去避免自己的信用受損害啊！

　　要獲得他人的信任，除了要有剛直誠實的品格外，還要有敏捷、正確的做事習慣。有不少年輕人，儘管平時為人誠實可靠，但工作處事都馬馬虎虎，這樣同樣容易讓自己的信用在不知不覺中散失。例如一個人的銀行存款明明不多，卻不小心地開了一張「空頭支票」給人找數，害收款人往銀行白走一趟。這樣做生意，其商譽終將會破產。

　　即使資金再雄厚，如果一個人做起事來沒有條理，優柔寡

斷，缺乏靈活的交際能力，和果斷的決策力，那麼他的信用將難以維持。

一個精明幹練的商人，做起事來總是很敏捷、迅速，不會拖拖拉拉、行動遲緩，這就是他們成功的關鍵。他們絕不會開出空頭支票，一定會嚴格遵守合同條款。他們知道做人做事都要小心謹慎，否則，信用一旦喪失，生意必將失敗。

個人信譽需要一生時間建立，但誠信破產卻只在一秒鐘、一瞬間、一念之差。你要謹記做人切勿丟三落四，無心裝載，錯誤百出，否則不用多久，就沒有人再願意信任你了。

7

有錢人的十大良好習慣

一

有錢人的十大良好習慣：

一、不吝嗇；二、勞逸合一；三、積少成多；

四、精通業務；五、心細如塵；六、謹慎；

七、不舉債；八、重視知識；

九、有執行力；十、避免落伍。

7.1_ 切勿吝嗇

過分節儉的人，總是會得不償失。
節省如果過了頭，效果會適得其反，
成為你前進路上的絆腳石。
商人不捨得多花錢經營，農民不捨得在田地裏多播種，
都是不合理的節省。

　　我認識一名富商，為了省錢而不惜浪費大量時間。他會
把沒用完的半頁信紙撕下來寫東西，把信封裁開當草稿
紙使用，向公司內部發備忘錄，明文規定每天用於包裝
的繩子的限額，並要盡力回收作循環使用。他為了節省
一分錢，結果浪費一塊錢。上述種種過分節儉的行為所
消耗的時間，遠遠超過半頁紙、一條繩的價值。這種節
省是極為愚蠢的。

我也認識一名年輕商人，他從不請有業務往來的人吃一頓飯，與客戶出外公幹也不替客戶支付旅費。他的衣服和領帶都要用破了才更換，結果大家單看外表，就已經知道他是一個小氣鬼，漸漸不願與他來往，但他仍蒙在鼓裏，不了解自己的過分吝嗇，會招人討厭，最終宣告生意失敗，使自己蒙受了極大的損失。

準備幹一番大事業的人，千萬不能斤斤計較，我可還沒見過斤斤計較的人，能做得成大事的。

有許多人為了省錢，生病都不願看醫生，結果不但對身體有害，更影響到工作，消耗了自己的體力與精力。想在事業上有一番作為的人，絕對要避免這種做法。當疾病妨礙到我們的生活時，我們便應竭盡所能去接受診治或補救。

凡是能夠增強體力和智力的事，我們都應該要多做，因為只有健康的體魄，才能讓我們成功，有利於我們事業的發展，在這方面花再多的錢，也是值得的。因此，無論生活怎樣困頓，都千萬不能在食物上節省，因為食物是健康的基礎，而健康則是成功的基石。

事先聲明，我是絕對支持「節儉」的，但要強調「節儉」並不等於「吝嗇」，過分節儉絕對是不合情理的。

現實中，只有少數人知道「節儉」的真正意義。「節儉」的精髓在於經濟地、有效率地運用手頭上的資源，讓每一分錢都用得其所，絕非一毛不拔。

從廣義上來說，「節儉」的人會懂得權衡利弊，深謀遠慮，靠理智的頭腦和合理的處事方式，獲得成功。例如他們做生意時，便會使用適當的交際費，因為這是一項恰當的「投資」，能增加談成大生意的機會，反而會為自己「節省」更多。

　　其實適當的「慷慨」常常都能幫助人們實現目標，在社會的階梯中節節上升，比將錢存放在銀行更有價值。如果你想成就一番事業，就要把眼光放長遠些，不要讓吝嗇成為自己遠大目標的絆腳石。

7.2_ 定時休假

與其花錢看醫生，不如到鄉間尋找健康。

聰明的人啊，請把「運動」當作「良藥」，

大自然的治癒能力，

要勝過一切的人為力量。

那些每年都會到鄉村度假、呼吸新鮮空氣的人，是很難有機會和醫生、診所、藥房打交道的。人們能從休假中重新補足生命的活力，讓自己身體健康、精神愉悅。可以說，**一年一度的休假是人生中最有價值的「投資」。**

每一個城市都有勞心勞力者，為了工作而不眠不休：作家為了寫作，而絞盡腦汁，連續幾個月伏案工作；終年勞碌的商人為了多賺分錢，在炎炎夏日仍繼續開門做生意；家庭主婦為了照顧好一家長幼，終日為家務操勞，為瑣事煩心；還有那些上進的好學生，為了奪得好成績，而終日伏案苦讀，弓了背，

彎了腰，也在所不計，猶如枯萎了的花木。其實他們最需要的是好好休假，讓田野、森林等大自然景物，來滋潤他們的心靈。

休假讓人頭腦清醒、精神飽滿、體魄強健、滿懷希望。休假回來的人不再感到疲勞厭倦，心中充滿了愉悅與歡樂，所以聰明人會不惜一切代價，去換取一個能夠休息的假期。

花一些時間休假，能使你對生活和事業有全新的、愉悅的感覺，讓你重新獲得精神，去應付解決各種問題，這是多麼化算、有意義的事啊！

一個人如果一年中沒有讓自己休假、好好休息一次，是很不正常的，這反映他們要不是過勞工作、過分吝嗇，就是職務低微、能力不足。一個具有管理才能的人，由於平日已經將人手安排妥當，所以即使休假一段時間，也不會影響公司大局；反而是那些缺乏條理、做事隨便的人，由於管理不善，導至自己經常要在業務上「救火」、處理突發事務，結果分身不暇，才無能離開休假。

休假還能培養個人品格，俗話有云：「在病人眼中，任何人都是惡人。」人在疲勞時應立即休息，否則會變得反應遲鈍、行動乏力、雙目無神，甚至積勞成疾！

不管是學生還是商人，一生病都應該立即停止工作。若勉強自己疲勞應戰，只會遭受更大的痛苦，甚至影響自己一生的前途。很多善良的人之所以會變得蠻橫無理，就是因為在患病後性情大變。大自然作息有時的規律，我們是改變不了的，若不加以遵循，一定會受到大自然的懲罰。

7.3_ 積少成多

若你想積累財富，
自我克制的能力就必不可少，
你要善於克制自己的慾望。

舉債創業總是一件比較危險的事情，以自己的積蓄作為事業起步的資本，會比較妥當。

通常人們習慣把「吝嗇」看成「節儉」的孿生兄弟，其實是不對的。「吝嗇」含有「用不其所」的意思，表示一個人不應省的也要省；而「節儉」的真正含義則是「用得其所，應省則省」，也就是說，錢都要花在刀刃上。

一名英國文學家曾指出，人們往往誤解「節儉」的意思即是「省錢的方法」，其實不然。「節儉」應該解釋為「用錢的方法」，也就是說，我們應該怎樣去購置必要的家具，怎樣把錢花在最該花的地方，怎樣安排在衣、食、住、行、生育和娛樂

等方面的花費。總而言之，我們要把錢用得最為恰當、有效，這才是真正的「節儉」。

英國著名茶商湯馬斯·立頓爵士（Sir Thomas Lipton）曾說：「有許多人向我請教成功的秘訣，我告訴他們，最重要的就是節儉。成功者大都有儲蓄的好習慣，任何好朋友對他的幫助、鼓勵，都比不上自己一張薄薄的小存摺。唯有儲蓄，才能奠定自己成功的基礎，才能自立自助。儲蓄能夠使一個青年站穩住腳，使他鼓足勇氣，振奮精神，拿出全部的力量，去達到成功的目標。如果每個年輕人都有儲蓄的好習慣，這個世界真不知要減少多少傷天害理的人！」

美國百萬富翁約翰·阿斯特（John Jacob Astor IV）晚年時喜歡說：「如今賺十萬元，不比以前賺一千元難。但是，如果沒有當初的一千元，也許我早已餓死在貧民窟裏了。」

有些喜歡出風頭、講排場的「紈絝子弟」，平時不僅耗盡自己的收入，甚至還舉債支撐場面。這種人一旦遭遇變故，比如失業，或者生病，不但自己站不起來，往往還會連累身邊人，把人家的辛苦錢都賠進去。到了那時，他的真面目就會被揭穿。如果他以前能夠節儉一點，少花費一些，就不會落得如斯地步。

許多人只因為不懂得量入為出，不懂得管理自己的財富，就在不知不覺中浪費了大量的金錢。如果你能把每天每一筆的花費，都記入帳簿，然後仔細核算、好好籌劃，這對你未來的事業發展，將能提供巨大的幫助。你不但能從中學會記帳的

方法，還可以熟悉與銀行往來的各種手續，從而獲得寶貴的經驗。

你最好能夠隨身攜帶這種賬簿，以便隨時記錄自己的使費。賬簿能夠隨時隨地清清楚楚地告訴你，過去的錢都用到哪裏了，甚麼地方是完全可以節省的，甚麼地方是一定要用的。只要你持之以恆地這樣做，一定能改掉揮霍無度的惡習。

一般來說，大城市的孩子都比鄉下的孩子浪費。大城市充斥着各種各樣專騙孩子的東西，例如毫無意義的玩具，或不衛生的糖果，結果小童至小培養了胡亂花費的惡習。

鄉下的孩子既碰不到這麼多誘惑，又更看重金錢，他們往往非常珍惜自己僅有的零用錢。他們了解花樣多多的玩具，只是哄人的小玩意，只能讓自己高興一時，因此他們不會捨得花錢買。他們不像城中的孩子那樣會亂花錢，而是時刻盤算着零用錢要怎樣花，才用得其所。

這些鄉下孩子的父母們通常都會教導自己做人要節儉，鼓勵他們把錢存到銀行去，教會他們明白儲蓄的好處。他們往往都能養成儲蓄的良好習慣，當他們儲到一百元時，就會高興得跳起來。反而大城市裏的孩子一有錢就立刻花光光，幾乎從來沒有儲蓄的意識。

很多青年都像大城市的孩子一樣，寧願把錢放在口袋裏，也不願存進銀行。他們習慣把所有錢都帶在身上，方便他們毫無節制地揮霍。這種做法是不合適的，會讓年輕人在用錢方面完全失去控制。雖然錢存入銀行後，用起來會不大方便，但這

是節儉的唯一有效方法。如果能夠選一間離家甚遠的銀行就更好，這樣一來，就能大大減低個人提錢出來花費的意慾。

「致富的唯一方法就是賺得多，用得少。」偉大的已故美國政治領袖富蘭克林（Benjamin Franklin）如是說。他還說：「如果你不想忍受饑餓、寒冷、遭人討債的苦，那麼你最好與忠、信、勤、苦這四個字做朋友。與此同時，不要讓你賺到的任何一分錢，從你的手中輕易流走。」

從前有一個年輕人，想學一技旁身，就到印刷廠裏去工作。其實他的家庭經濟狀況很好，但父親要求他每晚回家住的話，就要他每月支付一筆住宿費。剛開始時，那名年輕人覺得父親實在是太過分了，因為那筆住宿費相當於他當時每月的收入。但是幾年之後，當這名年輕人準備開設自己的印刷廠時，父親便對他說：「好孩子，我這樣做的目的，是為了協助你儲蓄足夠的資本，以備不時之需，並非真的向你要住宿費。你每年支付給家裏的住宿費，現在是時候還給你本人了。你可以拿這筆錢去發展你的事業了。」年輕人最終明白父親的一番苦心，對父親感激不盡，如今已成為美國一家著名印刷廠的老闆。假如他年少胡亂跟工作伙伴去揮霍金錢，將不能獲得今天的成就。

這個真實故事極富教育意義，它告訴我們：「想將來享受

到成功與財富的滋味，便要養成儲蓄的好習慣。」

今時今日，仍然有很多青年有一種很荒唐的觀念，就是認為「節儉」是一件丟人的事情。但為甚麼一定要把金錢胡亂揮霍掉不可呢？這樣就算「體面」了嗎？如果我們能把每一分錢都用在刀刃上，不是更體面嗎？世界上沒有任何一樣東西，是可以隨便糟蹋的，更何謂是寶貴的金錢？

節儉其實是一件極之簡單易行的事情，誰都能夠做到，你必須明白這個道理。你願意讓債主時時刻刻逼你還錢嗎？你願意受困於窮困的境地嗎？你願意一生屈居人下嗎？你願意為負債而坐牢嗎？你當然不願意，那麼你就一定要養成節儉的習慣。

我讀過一部小說，內裏有一段說話，很有意思：「寧願在街頭捱餓，也誓不借錢！」犧牲一些暫時的快樂與幸福，忍受一下暫時的飢餓、寒冷和貧困，又有甚麼關係？千萬不能圖一時之享樂，便拋棄光明的前途，讓自己的信用喪失、廉恥殆盡、名譽敗壞、志氣消磨、人格斷送。這會使你的生命孤舟駛入漫無邊際的海洋，迷失了方向。

俗語說得好：「節儉是你一生用之不盡的財富。」一個愁容滿面、負債累累的人，是無權享受巨額財富的。他們的揮霍無度更會「傳染」他人，侵蝕你的精力，消磨你的志氣，拉你下水，讓你一同無法成功。大家切記要遠離這種人。

7.4_　精通業務

一個成功的商人必須機智敏捷、謙遜禮貌、善於應對，
養成堅定的自信和誠信，
但最重要的還是要精通具體業務。

　　任何人只要精通生意經，要賺錢都並非難事。做生意其實
是一件很有價值的事，這個世界全仰仗那些能幹的商人，才得
以讓一切商品流通。一個精通生意經的優秀商人，絕不會放棄
自己的職業，他們一定會取得成功。

　　保險公司、證券交易所、銀行、商行等機構，所僱用的經
理、行長、主管、推銷員，都是精通生意經的人。他們各有各
的商品，各做各的業務，但匯合起來就是這個社會所需的一切
商品和服務，這些機構對社會來說，必不可少。

　　商人一定要見微知著，從小處着手，才能獲得成功。假如
你想從事保險行業，最好從一個小鎮的業務員開始做起，然後

才慢慢晉升至小鎮經理、地區經理，甚至區域經理、公司總經理。即使你的起薪點不高，只要肯下功夫，做事認真，刻苦耐勞，你肯定會獲得額外津貼或獎金。通過這種方式一步步鍛煉出來的人才，一定擁有非常豐富的實務經驗，精通這一行業的生意經。

我記得幾年前，有兩家公司為了爭奪一個營業員，而對簿公堂。原告表示他與那名營業員簽訂了年薪五萬美元的合同，尚未到期，因此不允許他中途違約「跳糟」。這反映了該名營業員的實戰經驗甚豐，即使還未成為原公司的頂尖人物，已經有其他公司開出極高薪酬的條件，招攬他加盟。

商業知識、商業技巧等方面的訓練，確實是非常必要的。一個成功的商人必須具備老練大方、謙遜禮貌、小心謹慎、考慮周到、機智敏捷、善於應對等優秀品質，但更為重要的，是要徹底了解自己所經營的商品、所從事的行業。其實這些品質，對其他各行各業的人來說，亦同樣重要。只要有了這些優點，再加上良好的態度，就能奠定一切事業成功的基石。

有很多人焦慮不安，甚至陷入恐慌，是因為他們找不到好工作；有很多僱主感到苦惱，是因為他們聘用不到精通生意、善於銷售的出色員工。有些才能平庸的銷售人員總是賣不出商品，但他們竟然一年到尾都有藉口，以市場行情不好、購買力弱、經濟蕭條、競爭激烈……等理由，為自己開脫。其實僱主們一點也不想聽這些藉口，他們只知道東西一定要賣出去，他們只想要有能力賣東西的員工。

某地有兩家業務相同的公司，在一年之內，甲公司的營業額竟然是乙公司的五倍之多，為甚麼呢？那是因為甲公司懂得欣賞旗下營業員的的業績，會讓有能者獲得更高的薪水及傭金，結果讓每名員工都下定決心，誓要完成大買賣。但乙公司的情況又如何呢？每當他們旗下的營業員拿着數額很小的訂單結算時，都陳述了各種難以克服的理由，去解釋銷售業績為何低下，結果老闆信以為真，最終公司賺不了錢，員工只能領取少得可憐的薪水，勉強糊口。

這則故事告訴我們：掌握行業內的「生意經」，我們做事才能胸有成竹，勝任別人無法做到的事情，然後獲得成功。

7.5_　心 細 如 塵

有一位老商人在小城鎮做了幾十年生意，
最終落得破產收場。
當一位債主跑來向他討債時，
老商人正在緊皺雙眉，
思索他失敗的原因。

老商人問：「為甚麼我會失敗呢？難道我對顧客不夠客
氣、不夠熱情？」那名債主對他說：「你完全可以東山再
起。你不是還有一些積蓄嗎？」

「甚麼？要重新開始嗎？」

「是啊！你應該好好計算一下，把你目前的經營情況列出
一張負債明細表，核實一下失敗在哪裏，然後從頭再做
起。」

「你的意思是要我把所有的資產和負債項目，詳細核算一下，列出一張清單嗎？要把門面、地板、桌椅、茶几、櫥櫃都重新洗刷鬆漆一番，重新開張嗎？」

「是的！」

「這些事我早在 15 年前就想過了，但一直沒有下定決心，所以一直沒有去做。」

這是某雜誌刊載的一個故事。其實，不論你是在大城市還是小城鎮裏經營生意，都應該把帳目記得清清楚楚，把物資管理得井井有條 —— 這是經商最重要的一件事。甚麼事都做得亂七八糟的人，終有一天是要失敗的。特別是在大城市裏做生意，更要把一切事情都處理得清清楚楚、妥妥當當。

美國信託行業公會會長曾說：「根據我這幾年與一些大公司和商行交往的經驗，我深知那些對全店經營情況瞭如指掌的老闆，能夠隨時獲得公司的銷售、業績報告。他們的事業一定不會失敗。」

現時很多商家的管理手法，根本談不上有條理，平時把貨物堆得亂七八糟，待顧客光顧、要買東西時，才由店員翻箱倒籠地找這找那，白白耽誤了半天時間。

很多年輕人也是一樣，他們生來就脾氣古怪，從來不想把任何事情善始善終地做好，只想敷衍了事。他們做事往往不

夠專心，容易被人打斷，常常在事情做到半路中途時，就突然甩手離開，然後敷衍卸責。年輕人放工回家，通常都是解下領帶、脫下衣裳，就隨手一扔。這樣的年輕人一旦踏足社會，開始工作，一定會把自己的周圍弄得一團糟。

如果你願意多費一點心思，將任何東西都收拾得妥妥當當，做任何事情都善始善終，你日後便能很容易地再把東西找出來，省卻不知多少麻煩與苦惱，節省不知多少時間與精力。有些人常常不明白自己失敗的原因，其實他們公司那張寫字臺，早已把原委一五一十地說出來了。失敗者的桌面通常都是信封、亂紙、文件堆成一堆，各種亂七八糟的物品塞滿了抽屜，令自己工作時，也茫無頭緒。

我們最可靠的「品格證人」就是我們身邊一切用具的擺設，它們見證了我們的日常習慣，告訴我們做事失敗的原因何在。我要錄用一個秘書，絕不在乎其推薦人是誰，我只關注他家裏的桌椅家具如何擺放。此外，我們的態度、舉止、行動、談吐、服飾、裝束、眼神等，也無不在說明我們是個甚麼樣的人。

千萬不要斷斷續續地經營任何事業。不知道「夢裏千條路，醒後路一條」的人，我們可以毫不客氣地把他們稱為「莽漢」或「懶豬」。要成就事業，就必須要持之以恆、有條有理、集中心思、不斷奮鬥！

7.6_　謹 慎 創 業

有一位百萬富商看到一個青年手裏有一萬元資本，
就勸他去創業。
青年應不應該聽他的勸告呢？

　　在那位富商眼中，用一萬元做一點小生意，顯然是容易的
事，但在青年人眼中，如今的商業競爭異常激烈，各行各業的
生意都被幾家大公司所壟斷，到處都是合併和收購，「大魚吃
小魚」，結果造成社會貧富懸殊，兩極分化嚴重。因此，我奉
勸那些對成功沒有十足把握的青年先沉着氣，不要拿自己有限
的資金，去孤注一擲。

　　**如果你的意志不夠堅強、膽大心細，那麼你便尚未具備創
業所需的卓越能力** —— 須知道這些能力並不是每個青年都具備
的。年輕人想要開創自己的事業，想要獲得成功，想要在競爭
激烈中立於不敗之地，的確不是一件容易的事。

不少人在毫無把握的情況下，毅然獨立經商，即使他們確實做到了刻苦耐勞、埋頭苦幹，但每月收入還不及自己聘用的職員，還要承擔做老闆唯恐失敗、提心吊膽的心理壓力。

其實許多在大公司、大商行工作的「打工仔」，生活都可以過得很舒適，當中能者更能添置許多房產，獲公司安排豪華私人汽車接送，許多創業者的生活都不如他們優越。據統計，單單在紐約市，年薪達 2.5 萬美元以上的「打工仔」就有兩千人之多，反而那些資本有限的小企業、小商家，每年都不知要倒閉多少，因為各行各業都被大企業所壟斷，人們要買東西時一般都去大百貨公司，小商店的生意就自然更冷清了。想在這種情形下去創辦自己的事業，的確是非常危險。

創業需要甚麼成本呢？假設你要創立一間書店，你得去租一個像樣的店舖，然後花一大筆錢，用來裝修櫥窗，設計書架和擺設。你得聘請員工，從營業員到主管、財務、經理都不可缺少。之後你便需要進貨，只要眼光稍有不慎，買進了銷路不好的書，就只好硬着頭皮賠本，不像大型連銷書店那樣，可以有後台，簽訂退貨合約。不僅圖書如此，藥物和其他商品的行情也都一樣。

廣告費也是一筆不容忽視是開支。幾家大公司每年投入的廣告費，就已經遠遠超過幾家小商行的全部資產。

那些百貨公司為了把櫥窗裝飾得富麗堂皇，不惜一擲千金，以吸引過路人都來消費、觀賞。這些大型百貨公司為了贏得顧客的歡心，更具備最豪華的走廊、最舒適的休息室，連飯

店也裝飾得富麗堂皇。百貨公司裝飾一個櫥窗的成本，已經等同小商人的全部資產，這又如何談得上「競爭」呢？

幾年前，紐約有一家生意非常紅火的小商店，專售英國登特牌（Dents）高級手套，但另一家大型美資公司後來利用雄厚的財力，與英國登特公司簽訂了合同，實行包銷。結果那家小商店的貨源從此完全斷絕，不久後只能關門大吉了。

在社會上，這種例子真是不計其數。凡是明智的商人，都應對此心知肚明。所以，我還真不敢貿貿然便勸青年現在就去創業。

但在這裏我要聲明一下，**我無意打消有志青年們的創業意願，恰恰相反，只要他們有足夠的勇氣和把握，我非常贊成他們獨立經營一番偉大的事業。**我只是有些替他們擔心，因為我見過了太多的創業者失敗。我只希望年輕人們創業時要特別謹慎小心。

如果你已經決定要創業的話，我奉勸你事先要再對環境和自身的條件好好考慮一番。如果你有志經營零售商店，那麼最好先研究一下其他百貨公司的業務和管理。你最好能與其中的一個營業員聊聊天，也許他會對你說，以前他也開過小商店，但在和大百貨公司競爭時敗下陣來。這種最後不得不到大公司打工的創業失敗者，其實比比皆是。

一個準備獨立創業的人，他應該要完全信賴自己，完全依靠自己，自己拯救自己。如果他不能做到上述任何一點，他最好還是去為別人打工。

青年為了提高自己的社會地位，為了不永遠屈居於人下，為了能夠獨立自主地生活，而準備創業，這是無可厚非，但非要有長遠的眼光和廣闊的胸襟不可。面對經營不利、入不敷出的情況時，他要努力達至收支平衡。面對一切潛在的危機和困難，他必須一一克服，努力奮鬥，渡過難關。面對生意清淡、市場蕭條時，他更要竭盡全力支撐，安然過渡。他要下定決心，面對任何艱難險阻，都決不退縮。他更要對得住自己的良心，絕不存心欺騙顧客，絕不為圖虛名而胡亂揮霍，要將每筆支出都要花在刀刃上。只有堅持這樣做，他才能成功。

創業其實是最了不起的教育。唯有創業，才能給予一個人事業上、行動上、思想上、言論上的自由，才能訓練出一個人的目光敏銳、頭腦清晰，讓他擁有完全自立自助的能力。一般打工仔最容易就會被工作消耗盡個人潛在的才能，因為他得不到全面發展自己的機會，處處受老闆的管束。

打工仔過的是一種木偶式的生活：受僱於人，受人管束。他毋須自己去思考問題，不需自己動腦筋去研究對策，設計方案。他每天只要依照上司的命令去做，在規定的時間坐在辦公室裏就可以了。這種人只開發了他所有潛能的一小部分，他根本無法全面發展自己。

打工仔不用考慮自己企業的業務情況，不用設想將自己的精力和資本投放到甚麼地方，更無須着想怎樣去把握好商機，所以也就談不上得到甚麼個人發展了。

你見過這樣的情況嗎？許多人在打工的時候，各方面的潛

能都絲毫沒有流露出來。但當他們自己創業後，其智慧和能力便突然間有了突飛猛進的發展。

假如你已經決定要創業，我希望你能從中多學習些一些實用的知識，並把自身的各種潛能完全開發出來，而不要去太計較賺到多少錢。

一個想創業的青年，如果手裏只有一筆小本錢，甚至連一點本錢都沒有，那麼對他來說創業將會是非常困難的。他必須養成良好的判斷力，他必須集中自己所有的力量，他必須充分準備一下，如何打起全部的精神，何如把全部的精力集中在最有效的工作上。

只有小額資本創業，其實也有其好處：資本額越小，對機會就會越敏感。小本創業者可以抓住很多細微的機會，然後高速發展起來，讓自己的資本得以迅速累積。他們無時無刻不在集中自己的勇氣、精力和決心，向前進步。以小額資本起家的年輕人，通常對每一分錢都會特別看得重，往往更容易養成精打細算、謹慎小心的好習慣，不會貿然做出風險特大的事情，猶如在前綫作戰的士兵，會特別珍惜手上最後一顆子彈，必定會想方設法，避免虛發。

在未達到成功以前，小本創業者往往把自己的那點微小的資本，看得比生命更重要，簡直比百萬富翁之如自己所有的家產，還要珍惜。

假如你在創業的過程中，培養出自立自助的能力，那麼誰都會願意幫助你。任誰看見你這樣辛勤耕耘，這樣刻苦耐勞，

都會對你肅然起敬，都會替你免費宣傳，都會願意去關照你的生意。

如果一個年輕人有強烈的成功願望，更有令人佩服的才能，精通商業上的種種技巧和做法，對貨源組織和進貨管理也很有經驗，並且為人誠實守信，精打細算，那麼即使他沒有太多金錢上的資本，即使他常常遇到各種困難，但實際上他已經成功在望。

「商場」不單是「戰場」，更是一所最能培養出卓越人才的偉大學校！最艱苦而又最實用的教育，就是創業，與所有大專院校、高等學府的教育相比，創業更難求得進步。作為一個商人，如果不肯把所有的精力都傾注於自己的事業上，並且以堅忍不拔的意志，堅持到底，那麼他將很難獲得出色的業績。

7.7_ 不胡亂舉債

「你得像逃避魔鬼一樣避免借債！」
美國著名女作家比徹（Harriet Elizabeth Beecher Stowe）
如此教導她的兒子。

青年要下定決心，無論你怎樣急需用錢，也決不要讓你的名字出現在人家的帳簿上！

富蘭克林有句話，說得非常好：「借錢等於自尋苦惱。」是啊，法庭上每天有多少的民事糾紛案，可以為這句話作證啊。

其實每天都有很多年輕人，本來前途一片光明，但就因為舉債而遭到了意外和失敗。他們剛剛踏足社會時，也許特別看重自己的名聲，也從不喜歡到處舉債，但後來卻因為一點小小的意外，開啟了借債的大門，隨後便逐漸陷入了財政危機。

一些年輕人因為大意，常常不立書面憑據，而糾纏於許多財務糾紛之中，結果令他們在道德和精神上受到極大的傷害，

令他們的前途蒙上陰影。

　　每年因為債務糾紛而喪生的人，與因戰爭而死的人相比，數字要多出數十倍。在當今二十個天才人物中，就有七人因資不抵債而放棄性命，當中包括一位學者、一位小說家、兩位政界名人、兩位法學家，和一位演講天才。

　　美國一名富商，已經家財萬貫，但當他描述自己的理想生活時，仍時刻警醒自己切勿陷入借債的陷阱中：「平時理財就應該量入為出。」一名大學教授也曾經說道：「要維護自己良好的聲譽，必須遵守以下規則：賺得多，花得少。這樣才能使自己過上安穩的生活。」

　　在當今這個到處佈滿陷阱的社會，彷彿沒有甚麼事，比舉債更需要人們嚴加防範的了。有些青年就是因為看不到舉債背後所隱藏着的危險，所以四處向人借錢，結果背負上不能還清債務的種種嚴重後果，飯也吃不好，覺也睡不香，要迫不得已撒謊，為避債而東藏西躲，甚至營私舞弊，喪失人格。如果他們看到一旦戴上了債務的手銬後難以掙扎的情形，他們一定大喊：「寧可窮苦而死，也不做債務的奴隸！」

　　這個世界上最苦惱不過的事情，就是負債。只有那些因債務纏身、每日受債主催逼、因債務而吃盡苦頭的人，才知道人生的最大威脅，就是負債。債務會把一個人的體力、人格、精神、志趣、氣魄消磨得乾乾淨淨，將一個人一生的希望全部毀滅。

　　當然事情總有例外，「切勿舉債」這句話並不適用於所有

情形。當禍從天降時，當一個人因為意外而陷入困境時，任何人都難以僅憑一己之力，來渡過難關。即使是你信心滿滿的事業，也難免會遇到阻力和困難。不論你如何小心謹慎，不論你怎樣不喜歡向別人借錢，不論你的思路怎樣正確，為了站穩住腳，渡過難關，你都必須硬着頭皮，向銀行貸款。

這一原則也適用於生意上的放貸和借款。**雖然商業融資在現今社會已經是在所難免，但你必須做到有所節制，有借就要有還。**

一個立志要融資創業的人，首先必須熟悉自己的業務，還要具備挑選錄用員工的眼光。如果你在請人時隨隨便便，對所要經營的事業又毫無頭緒，那麼即使你個人待人以誠，做事可靠，也絕不會有銀行願意貸款給你。

一個走上生活正軌、沿着事業的康莊大道向前邁進的青年，必須留意自己的財力與理想之間是否有落差，不要因為心頭太高，野心太大，而走上舉債經營的道路。你最好不要想一下子就把事情做大，而要從小規模的公司開始做起。要牢記這句話：「盡可能避免舉債。」

7.8_　重視知識

職工沒有受過培訓，就不能勝任技術性工作。

同樣地，

一些人由於所接受的教育不夠，

做起事情來亦困難重重。

一個人的知識儲備越多，

才能就越多，生活就越充實。

　　知識就是力量。無論薪水多麼微薄，你都應該把握機會，多讀一點書，獲取一些有價值的知識，這將對你的事業有很大的幫助。一些商店裏的學徒和公司裏的小職員，他們儘管薪水微薄，但是工作都很刻苦，尤其可貴的是，他們一有空閒時間，就會買書自修，甚至於晚上、周末到補習學校上課。

　　在人類的歷史中，教育的重要性日益提高，時至今日，由於競爭非常激烈，生活更顯艱難，所以人們更要善加利用時

間，來增進自己的知識。一個人只要隨時要求自我進步、自強不息，就預告了他即將成功。

我認識一個年輕人，他在家的時間比外出的時間要少得多，有時坐輪船，有時乘火車，但他總是隨身帶着一本書，無論到甚麼地方，都能隨時閱讀。零碎的時間一般人都浪費了，但他卻用來閱讀，結果他成為了一個學識淵博的人，對文、史、哲、理以及其他學科，都很有見識。

從一個青年怎樣利用他的零碎時間，就能看出他的未來。上述的年輕人就是因為善於利用零碎時間，而擁有了自己的事業。但大多數人卻在浪費自己寶貴的零碎時間，甚至在那些時間裏，做出有害身心的事情。

想在頃刻之間成就豐功偉績，當然不可能，但這往往就是許多人的最大弱點。做任何事情都必須按部就班，只有一步一步地增進知識，持之以恆，才有助於一個人最終名成利就。

有人或許會覺得，他所領的薪水相當微薄，即使再努力儲蓄也不會富裕。同樣地，他們也會認為利用零碎時間去讀書，不會得到多大的學識和成就。但事實恰恰相反，許多人便利用空閒時間學習，結果也一樣達到了大學教育的程度。大部分的年輕人無意多思考、多讀書，無意在雜誌、報紙、書本當中汲取各種寶貴的知識，反而把時間虛擲在更多無謂的事情上，實在讓人痛心、可惜。**他們不明白知識無價，是讓人獲得無限財富的途徑。**

在當今的商業社會，很多擁有專門技術的人，只求發展一

門專業知識，結果常常顯得氣度狹小。他們漠視「通識」的重要性，實在是非常不明智。反而一個商人往往能夠從工作上得到多方面的歷練，因而具備了很強的辦事能力和豐富的常識，這一點遠非那些專門的技術人員所能比擬的。幸運的是，現在大多數畢業生都喜歡勇闖商界，我們的社會將會磨練出更多優秀的人才。

到了今天，隨着人類文明的進步，各國的商業都有了突飛猛進的發展。在一個世紀前，經商還是被人瞧不起的職業，但如今商業地位已經提高，其重要性堪稱三百六十行之首。那些庸庸碌碌、不學無術的人要投身商界，要在商場中獲得成功，比學識淵博、經驗豐富的人難很多。

有位商界的傑出人物表示，其公司的所有職員，都要經過考核，才能獲得錄用，但都要由最基層做起：「年輕人只要肯努力，就可以晉升到不錯的位置。」俗語有云「對工作有利的，就對自己有益」，在開始工作時，任何年輕人只要能記住這句話，他的前途必定無可限量。

企業家最渴求的就是那些反應敏捷、意志堅定、頭腦清晰、肯用功的年輕人，因為他們做起事來，總是力求盡善盡美。一個熟悉商業運作、經驗豐富的青年，在商界必定能大放異彩。

一個初初涉足商界的青年，要注意商業的門道，要時刻思考，要把所見所聞都研究得十分透徹，千萬不能疏忽大意。即使有些事情看起來微不足道，也要仔細地觀察；即使有些事

情困難險阻，也要努力去探究清楚。如果能做到這一點，你便能夠有足夠的能力，掃除乾淨日後遇到的任何障礙，然後逐步獲得晉升，得到更多機會，通曉更多事情的精髓，遲早獲得成功。

成功者、勝利者之所以取得成功和勝利，是因為他們不畏艱辛，每事都會鉅細無遺地去悉數解決，然後勇往直前。現實中有許多年輕人，做事喜歡避繁就簡，迴避那些麻煩、困難和乏味的工作，好比要佔領敵軍陣地的士兵，不願犧牲自己去破壞敵人的炮臺堡壘，結果被敵人的炮火打得遍體鱗傷。

有些人雖然肯努力、肯犧牲，但由於他們事先準備不足，以致一生達不到目的地，實現不了成功的夢想。「準備不足」往往就是無數可憐的失敗者的真實寫照，因此，一個人在開始經商之前，必須做好十足的準備功夫。

在很多職業中介機構的名錄裏，登記着無數身壯力健、受過教育的失業者的名字。其中大部分人就是因為沒有打好深厚的根基，沒有下定決心去不斷累積新知識，追求進步，總是被人超越，結果工作越做越馬虎，最後丟掉了原有的飯碗。試問有誰願意和這種人合作呢？

人生是一輩子的學習，如不時刻要求自己在各方面有進步，其技能將會不進則退。**有許多人雖然天賦很高，但終生只能做極其平庸的工作，永無出人頭地之日，這是為甚麼呢？就是因為他們不求進步，眼裏只有薪水。**儘管他們的資質很好，但是沒有上進心，因此他們將毫無前途。

在華盛頓的國家專利局中，有許多人拿着一些尚待改進、無法應用於日常生活的產品，就去註冊專利。這真是遺憾，雖然這些「發明家」有發明的天賦，但缺乏長遠的眼光，也不能對自己尚顯粗糙的發明加以改進。倘若他們能立志鑽研艱深的學問，勤學不厭，就不會落得今日的下場，為自己的心血註冊了專利，也只是徒勞。

「一個心不在焉的人，即使穿過森林，也不會看到一棵樹。」這是西班牙的一句俗語，比喻得十分貼切。那些心不在焉的青年做事時從不思考，喜歡敷衍了事，即使在一家商店裏工作了多年，仍對零售業一竅不通，但那些精明能幹、善於思考的年輕人，只需要兩三個月時間，就能精通商店裏的各種業務。那些不求上進的人與好學善思的人相比，要差十萬八千里。

我有一位朋友，最初在一家律師事務所工作，三年後雖然沒有獲得晉升，但他卻把律師事務所的所有工作學會了，同時還拿到一個法律進修學院的畢業證書。我還有不少在律師事務所裏工作的朋友，論年資他們已經很老了，可是依然收穫甚低，領着低微的薪金，做着平庸的工作。兩者同樣是普通職員，但前者因為注意學習，立志堅定，仔細謹慎，善用業餘時間進修自己，最終有所收穫；後者卻恰恰相反，因此難有出頭之日。

一個前途光明的年輕人，隨時隨地都會尋找學習機會，鍛煉自己的工作能力：他們會隨時隨地注意做事的方法和待人接物的技巧；他們會細心觀察一切接觸過的事物，琢磨訣竅；他們對重要的東西，一定問個究竟；他們想任何事情都做得比別人好，即使極小的事情，也認為有必要全力以付，做到最好。在他看來，累積知識遠勝累積金錢，如果他把所有與工作相關的知識都學會了，他所獲得的「內在財富」將比其薪水不知要高出多少倍。

我曾經聘用過一位年輕人，他有很多優點，比如充滿熱忱，為人忠厚，工作守時，從不偷懶，但他反應遲鈍，像一頭埋頭拉磨的驢一樣，只知工作，不懂學習，也從不掌握新經驗、新思想，所以只能一直做低層的工作，不獲升遷。

我還聘用過另一位年輕人，隨時隨地都在專心學習，時時刻刻都在注意身邊的事務，處處積累經驗，把自己的公司當作進修自己的學校。由於他們的刻苦耐勞，努力鑽研，因此進步神速，工作成績突出。

那些才識過人的青年，習慣利用晚上的空閒時間，來思考日間工作時的所見所聞。經過這一番整理、思考、分析後，他們便能從中得到益處，這些得益比他們白天工作所獲的薪水，更為珍貴。他們明白從工作中積累的學識，將是他們日後成功的基礎，是他們一生最寶貴的財富。

有很多人都會抱怨運氣不好、薪水太低、懷才不遇，但他們不知道自己正身處一所可以累積經驗、吸收知識的「學校」裏。

他們日後能夠取得怎樣的成就，其實都取決於今日的「學習態度」。

7.9_ 迅速執行計劃

每個人的一生，
都有種種的理想、憧憬、計劃。
如果我們能夠迅速地執行這些計劃，
我們事業上將取得驚人的成就。

然而，人們往往在制定了美好計劃後，卻一味地拖延，而懶於迅速執行，最終往往導致自己的熱情冷卻，計劃破產，理想落空。

在希臘神話裏，「智慧女神」雅典娜是從「眾神之王」宙斯腦袋裏直接誕生的。雅典娜甫出生就衣冠整齊，毫不凌亂。同樣地，有效的計劃、高尚的理想、宏大的目標，一般都是一瞬間就出現於人的腦海之中，但人們往往由於懶惰、喜歡拖延的天性，而遲遲不去不去實現它，總想留待將來去做。這些人都是缺乏意志力的弱者。只有意志堅強的人，才懂得趁熱打鐵，

很快便能將理想一一實現。

昨日的事歸昨日，今日的事歸今日，明日的事歸明日，每天都有每天的理想要實踐，每天都有每天的決定要做。因此，今日要做的事便應該今日處理好，而不應拖延到明日，否則舊的不去，新的不來，你將永遠擁抱着同一個空想，而無法一次又一次地完成新目標，向更光明的前路邁進。

拖延往往會消耗人的創造力，妨礙人們做事。缺乏自信與過分謹慎，兩者都是做事的大忌。充滿熱誠地去做一件事，與在熱忱消退後去做一件事，其中的難易苦樂有天壤之別。你應該趁着自己最有熱情的時候，一鼓作氣地去做好一件事，然後便能享受箇中樂趣，工作也比較容易完成。做事缺乏熱情，往往只會帶來痛苦，增加完成工作的難度。

把今日的事情拖延到明日去做，實際上是很不應該的，因為這種拖延所消耗的時間與精力，早就足以把今日的事做好。有些事情你及時去做的話，就會感到快樂、有趣；如果拖延了幾個星期才做，剩下的只有痛苦、艱辛。寫信就是這樣，你應該在一收到來信後就即時回覆，因為這個時候你最有動力、最容易回信，一旦拖延下來的話，那封信就不容易回覆了。因此，許多大公司都明文規定，所有商業信函必須當天回覆，不能拖延到第二日。

命運非常奇妙，好的機會往往稍縱即逝，有如曇花一現。如果不及時把握，錯過之後就不再來了。

決定好了事情但拖着不去做，亦會令我們的品格受到不良

影響。唯有按照既定計劃去執行的人，才能使他人景仰佩服。其實人人都能下定做大事的決心，但只有少數人在執行過程中能夠一以貫之，也只有這些少數的人，最後才能得到成功。

當一個作家腦海中突然閃現一個生動而強烈的創作意念時，他就會產生一種不可遏止的衝動，要把那意念記在白紙上，於是他就提起筆來，振筆疾書。如果他因為有些不便，而不能即時執筆，後來又一拖再拖，那麼該意念就會慢慢變得模糊渙散，最後完全消失於他的腦海中。

同樣道理，一個畫家腦海也會突然閃過閃電般迅速的靈感，如果他拖延着，不願即時動手創作，在他腦海中的靈感便會消失，想再畫也畫不來了。如果他即刻把靈感描畫在紙上，必定會有意外收穫。

其實不只是從事創作的人，凡人都應該及時抓住靈感，因為靈感來得快、去得也快。我們時刻都要趁熱打鐵，立即展開行動。

歡喜拖延的人往往不會有好結果，輕則與成功失之交臂，重則隨時釀成悲劇。英國的約翰・拉爾上校（Johann Rall）就是因為收到通風報信後，沒有即時拆開閱讀，結果命送於美國獨立戰爭之中，客死異鄉。

1776 年聖誕節正日，美國殖民地軍總司令喬治・華盛頓（George Washington）率軍橫渡特拉華河（the Delaware River），成功突襲拉爾駐守的特倫頓（Trenton），史稱「特倫

頓戰役」(Battle of Trenton)，是美國獨立戰爭中至為關鍵的一場重要戰役。但拉爾其實早於平安夜已經收到英軍總司令詹姆士・格蘭特(James Grant)的間諜情報，將華盛頓的突襲計劃全盤告知。但拉爾收信時，正在和朋友們玩牌玩得興起，結果他隨手把信件放在自己的口袋就算，待打完牌後再讀信，才知大事不妙，於是立即召集軍隊作部署迎戰，但為時已晚了。最後拉爾全軍被俘，連他自己也命喪於敵人手中。

人應該極力避免養成拖延的惡習，沒有別的習慣，比拖延更能令人懈怠、削弱人們的辦事能力。沒有別的習慣，比拖延更為有害。「諱疾忌醫」就是其中最典型的例子，不僅增加病人肉體上承受的痛苦，更可能讓病情進一步惡化，甚至令病人送命。

拖延是最可怕的敵人，它會敗壞你的人格，偷取你的時間，破壞你的機會，搶奪你的自由，令你變成奴隸。

最有效抵抗「拖延」誘惑的方法，就是振作精神，「先苦後甜」，選擇先做最難的事，並持之以恆地做下去，留下容易的事容後再做。須知道多拖延一分鐘，工作就難做一分。「立即行動」是成功者的格言，只有「立即行動」，才能將人類從「拖延」的水深火熱中拯救出來。

7.10_ 避免過時

從前有一名士兵，

他步操時步伐永遠和其他同僚不一致，

被長官痛罵，

但他反駁道：

「是全隊其他士兵的步伐出錯以至，不關我的事！」

在我們的商業社會中，這樣的「士兵」屢見不鮮。有很多刻苦努力、積極上進、抱負遠大的商人，也是如此，他們過於固執己見，從來不肯跟隨時代的發展，學習新的經商手法，還說這些都是時髦玩意，華而不實，只能流行一時。就是這種愚蠢、守舊的觀念，最後把他們拖進落後的墳墓。

追求更新、更完美的事與物，但人的本性。我們的時代一切都在突飛猛進，無論是一份報紙，還是一本書，人們都只愛買那些不斷進步的、緊跟時代的東西。商人要賣廣告，也喜歡

登在那些版面新穎、銷量最好的報刊。**你的行業、你的經營手法一旦稍為落後於時代，大多數的客戶就會立刻捨你而去。你休想再賺到一分錢。**

　　我們看到很多的報社，因為跟不上時代而關門大吉。這些報社不會採用最新的編輯方法，不懂使用鋅版印製報紙，不願花費一些開支去買電報機，也不想多花一些錢向名家約稿，以高質素的文章來增加銷量。它們會以低薪請記者、校對，為求節省採訪開支，而閉門做車，東拼西湊一些新聞報道出來，而鮮有派記者出外採訪，從不重視內容準確性。

　　好新聞必須派記者採訪，是新聞界的常識，但這些報社竟連最基本的開支，都如此吝嗇，不願去做。結果這些報紙的銷路漸漸變差，商家們也不再來刊登廣告了。無人問津，報社最終只好關門結業。

　　教師一旦抱殘守缺，一點也不關心最新的文化發展，也不學習最新的教學方法，自甘脫節落伍，就會無法跟上時代的步伐，與年輕的學生不能溝通，逐漸被學生、家長、甚至校長拋棄。

　　許多律師憑藉幾十年前辛勤學習的陳舊條文，以及老派的盤問技巧，時時在訴訟中贏得勝利，在法庭內外大出風頭。但久而久之，他們的性格開始變得唯我獨尊，不可一世，再沒有興趣吸收新知識，對後輩亦不屑一顧，與新一代缺乏交流。結果他們在不知不覺間遭時代所淘汰，被後輩律師搶走生意，待他們察覺到真相時，為時已晚。

有些老醫生從醫科學校畢業後，診治方法就沒有變過。這是因為他們不捨得花錢，購置新器械和新藥品；這是因為他們不願意花時間，來讀讀新出版的專業刊物；這是因為他們不肯花心思，去研究種種最新的臨床療法。因此，他們的診所往往陳舊不堪，所開的藥方效力既慢且弱。

　　至於新一代的年輕醫生，他們的藥方通常都是最新發明的特效藥，他們的醫療設備通常都配有最新科技，他們所讀的專業書報也是最新出版的。他們一般都懂得裝修的重要性，而會把診所裝潢得新穎美觀，讓不快樂的病人即使不愉悅，也能感到舒適。

　　老醫生與年輕醫生競爭，勝敗顯而易見。年輕醫生的生意越來越火，老醫生的病人逐漸都跑到年輕醫生那裏去了。這些老醫生失敗的原因，就是不思進取，跟不上時代的發展，自甘黔驢技窮。等到老醫生察覺自身的問題時，由於已經被新生代遠遠拋離，所以要他們急起直追，也相當困難了！到最後老醫生一個病人也留不住，診所只好關門大吉，自己亦只好「退休」。

　　一個農夫如果只懂按照祖輩老方法耕種，是不會有好收成的，往遑論有進步。他既不用化學肥料，又不考慮添置新發明的農具。儘管他辛勤耕耘、起早摸黑，但到頭來他的收成只夠解決溫飽。那些思想開通的農夫就不一樣了，他們願意嘗試各式各樣的新農具、新耕作方法，即使偶然會有失敗的時候，但整體、平均來說，新科技都能達到事半功倍的效果，讓他們

的收穫變多，利潤大增，日子也過得更加舒適，還騰出了更多休息時間，讓他們能為享受閒暇，或學習更新的農業科技與知識。

許多大畫家曾經享譽世界，風光一時，但他們的後期畫風往往太陳腐，太守舊，無法突破自己，又不肯發展新的作畫風格，結果他們的作品便慢慢地無人問津了。

我就認識的一名老畫家，他作畫時力求完美，精益求精，其造詣之精深，遠近馳名。他早期的畫作的確享負盛名，得到人們的普遍讚賞，尤其是那些細微的地方，也畫得極其工整，維肖維妙，即使用放大鏡來仔細觀察，也不能發現一點瑕疵。後來印象派風格逐漸抬頭，野獸派嶄露頭角，未來派也隨即崛起，這位老畫家不但不肯去研究這些畫派，更說這些新興風格粗陋淺薄，與時代背道而馳地繼續發展。他晚年時的畫作無人問津，生活亦每況愈下，最後在窮困潦倒中，離開了人世。

那些一味回頭看、故步自封的人，往往人棄我取，緊抱那些被人拋棄的舊方法、老古董不放。他們往往要看到那些積極進取、永遠跑在時代最尖端的人成功後，才承認自己的保守觀念和陳腐思想讓他們動彈不了，猶如患了半身不遂之症。

在這樣一個年代，任何年輕人要經營一門生意或事業，都應該時時參觀其他機構、企業、工廠、商店，看看人家採用甚

麼經營手法最有效，從而得知自己的營商手法有否過時。

　　儘管老前輩的資格很老，曾經叱咤風雲，但其思想已經遠遠落後於時代，一個緊追時代發展的年輕人與之相比，不知道要強多少倍。再以經商為例，以前經商只要行事果斷、反應敏捷，就一定可以成功，可是現在光有這些條件，已經不夠了。在現代社會，一個成功的商人必須具備相當的學識，國內外的地理、風俗、人情，或會計、統計、市場調查等，都要無所不曉。除此之外，他還要有進取的精神、寬闊的胸懷、堅韌的忍耐力和勇往直前的態度。那些早已無效的、過時的經營手法，猶如騎着毛驢趕路一樣，必定被時代所棄。我們要及早轉乘火車、汽車、飛機，以免浪費寶貴的光陰。

　　「先進與否」是現今社會決定輸贏的唯一標準，任何人都應該要有進取心，要跟上時代發展，甚至預測到先機。

　　能夠適應時代的商人，都有清晰的頭腦、敏銳的眼光，和出色的鑒別能力。一切商品的價格都像大海中的一葉孤舟，漲落起伏不定。他要在風雲變幻的市場上，及早嗅出哪些聞名遐邇的熱銷出口產品，會在幾年之內成為無人問津的垃圾，然後部署未來計劃，佔盡先機。

　　做生意的人應該善於研究顧客的各種需要，要像醫生研究病人的病因一樣努力。那些在鄉下開店多年的商人，卻從來不知道要翻新花樣，店裏只出售一些早該淘汰的老古董、一些過時的商品，顧客上門要的商品統統沒有，根本無法滿足顧客的新需要和新口味。他們彷彿永遠把自己關閉在數百年前就已經

封閉的城堡裏，說上世紀的語言，賣上世紀的產品。最後客人們不但不顧光顧其商店，更不斷地告訴別人這個商店之落後，如此一來，這家商店就落得一個「過時」的名聲，不得不關門大吉。

人們大都喜歡逛最流行的商店。假如你想買一頂帽子，你絕不會買一頂只在多年前流行過的帽子吧，你當然最想要一頂現在的流行款式。若是買衣服，道理也自然一樣。但古往今來不知有多少人，把自己的精力白白地耗費在無謂的守舊工作中，這是人類文明史上最大的損失。

只有最善於利用自己精力的人，才能迅速地抓住潮流，趕上時代。如果你的店裏也有許多已經過時的存貨，賣不出去，請你趕緊把它們清理掉，或趁早以低價賣掉它們吧，不要讓這些舊貨霸佔着貨架。

對你現在的生活而言，留戀過去毫無意義，毫無用處。你要考慮的是如何將時代向前推進。不要讓別人說你是「落伍者」，你要做聰明能幹的年輕人，關心潮流時尚的變化，以及時代的演進。只要你能跟得上潮流的步伐，就會在不知不覺中取得巨大的進步。當你與那些墨守成規、故步自封的老前輩競爭時，自然能穩操勝券。

由於革新的文化思想、科學上的各種發現與發明、商業上的激烈競爭，今天世界上的任何事物都與十年前大不一樣了。但那些守舊的人，好像整天都生活在上世紀，現代世界在他們眼裏毫無意義，他們總覺得今不如昔，誤以為時代絕不會再進

步了。他們自以為很聰明，但別人聽到他們的論調時，往往會笑掉大牙。在別人眼裏，他們簡直與出土文物無異。

如果一個年輕人的所知所思仍然是十年前的東西，他應該趕緊找個地方躲起來。因為在現代世界裏，根本沒有他的容身之所。

假如一個年輕人打算經商，他在十年前只要會寫信、會計算、會接待顧客，就可以了，但現在他非得睜大眼睛，來看清楚流行時尚、社會發展勢態、文化科學進展等多方面的形勢不可，並密切留意任何變動，注意國內外的大小事件和變故，以及市場的最新行情。他必須對各方面的知識都有全面的了解、深刻的研究，如對甚麼事都一知半解，他的事業就難以壯大地發展了。

在今天，貨物採購、商品銷售都已經成為一門專門的技術，世界各地的商業集團都處於激烈的市場競爭中。一個目光呆滯、無視社會供求的商人，無論他做哪一行，都將一敗塗地，永遠難以東山再起。

倘若你準備做某一行業的領袖，千萬不要錯失眼前學習各種知識的機會。就拿電氣行業舉例說明之，由於電氣業的用途越來越廣，其影響面也越來越寬，這一行業已經集中了各方面的精英。因此，現在學電氣工程的專業人士，也常常需要兼學一些其他知識，情況與 50 年前學法律、醫學的情形，一模一樣。

今日的青年，與以前相比確實要進步得多，但想要在未來

幾年的社會競爭中，立於不敗之地，今天還需不斷努力。

不論你是經商的、打工的、行醫的，還是當律師的，都應該永遠保持一顆進取心。俗語說得好：「人生如逆水行舟，不進則退。」**一個人一旦駐足不前、對自己的才能學識感到滿足，那麼他們很快就會被不斷前進的時代所拋棄。**唯有振奮精神，充分展現你的才華，不斷前進，拿出你的全部力量，不斷地吸取知識，不斷地思考，不斷地觀察研究，才能使你一生都不會落後於時代。須知道一個落後的人，在當今社會是無法立足的！

8

注重習慣與細節

—

一位大學問家曾說：
「偉人都具備兩大特質，一是守時，二是才能。」
但一個人必須先守時，珍惜自己與他人的時間，
才能培養出自己的才能。

8.1_ 切忌粗心

人們往往專注大事，卻忽略小事，
而釀成大災禍的往往都是那些小事。
因疏忽而釀成的災禍，
更是非常可怕。

不要看輕「不小心」，一個小疏忽足以導至房屋倒塌，車輛傾覆，造成許多不必要的傷亡，奪去無數無辜的生命。一個煙頭足以燒毀一個城鎮的房屋；鐵路上一小道軌道裂縫足以釀成車禍；汽車司機的疏忽足以令無數乘客喪命。

沒有人能夠預測得到「不小心」造成的人命損傷、財物損失，到底有多少。

因為不小心，人類歷史上發生了太多的慘劇。因為工作疏忽而造成的悲劇，也隨處可見。許多人就是因為工作或生活上的疏忽與輕率，導致自己身體上的傷殘。無數事例證明，工作

上的疏忽，可以斷送他人的性命。也就是說，**疏忽即等同「謀財害命」**。

上述這些因為疏忽、大意而造成的世間最大「罪惡」，儘管不能受法律所制裁，但其災害程度卻大大超過法律能包容的限度。

一位商人說，在芝加哥，每天因疏忽造成的損失至少達到100 萬美元以上，這真是一個驚人的數字。依此計算，我們每人每分鐘的平衡損失，都是巨大的。芝加哥另一位成功商人亦說，他會委派調查人員，定期調查公司中各部門工作時的種種不當行為和習慣，以免發生意外，因小失大。

一個員工做事是否精確認真，甚至比其擁有的才華更為重要。有些人做事總會犯各種各樣的錯誤，他們要麼是注意力不集中，要麼是為人不仔細，要麼就是行動馬虎，缺乏理智。

因此，「做事求精」是年輕人的重要資本。有了這種精神，你不僅會受老闆器重，更會獲得顧客的尊重與信任。

查理是一間家具店的學徒，他剛開始工作時負責打雜，往往喜歡在同一件工作上琢磨很久，結果老闆對他說：「喂，查理，不要在一件工作上浪費太多時間。」後來查理漸漸掌握好基本的工作，老闆一見他有機會閒下來，就會拿幾件工具，教授他修理家具的技巧。不久後，查理的技藝大有長進，老闆便不再讓他打雜工，而是派他專門修理家具。老闆說：「一顆釘子夠用的地方，絕不要

用兩顆；一個小時能做完的事，絕不要花兩個小時，要不然不划算。」那個學徒對自己要求也很高，但不僅僅只滿足於「夠好」或是「可以」以至。他做每一件事都竭盡全力，精益求精，達到至善至美。由於他做事認真，幾年後，就獲得提拔，成為管理數百名工人的主管。

想要避免那些資產、身體，甚至生命上的傷害與損失，每個人都需要全心全意、仔細認真地工作。唯有如此，其人格和能力才能提升至一個新的高度。

8.2_ 有條理

那些工作欠缺條理的商人，
總容易因為做事次序不當，
而蒙受極大損失。

　　他們不懂得如何安排僱員的工作；他們不懂怎樣去有效地安排業務；他們不知道甚麼事已經重復做過，甚麼事仍原封不動未做；他們不知道倉庫裏有許多不合需求、過時的存貨，需要及時清理；他們甚麼事情都會做到亂七八糟。這樣的商人，沒有不失敗的理由。

　　在許多沒有計劃、沒有條理的公司裏，很多員工只需從事極簡單的工作，如拆信、信件分類、寄發傳單，就能不明所以地領取高薪。其實這類工作只需以低薪聘用打雜處理即可，如此毫無條理的商行，是很難繼續發展的。

　　現實中只有極少數的商人，天生就擁有足夠才智，能夠判

斷出每個員工的能力，確保員工達到一定程度的工作效率。大部分商人本質上都不善此道，總不能有條理、有系統地管理公司，因此難以提高員工的辦事效率。

「不注意工作條理和效率」往往是人們創業失敗的最大原因。一個在商界頗有名氣的經紀人，就把「做事沒條理」列為許多公司結業破產的一個最重要因素。

想創業的人，由於工作沒有條理，往往誤以為自己人手不夠，以為只要僱用多些人，事情就可以辦好了。其實他們缺少的是條理和效率，而不是員工。由於他們工作沒有計劃，辦事不恰當，因此浪費了大量職員的精力和體力。即使旗下職員再多，最終也會一事無成。

沒有條理的人，做甚麼事都很難成功；有條理的人，即使才能一般，往往也會有相當成就。

我認識一個急性子的商人，不管你在甚麼時候遇見他，他都很忙。如果想和他談話，他往往只能撥出幾秒鐘時間應付你；時間長一點，他便不停地看錶，暗示自己的時間緊迫。

他為人那麼心急，理應可以省下不少時間，甚至開支，但其公司的花費卻大得離譜。歸根究底，都是因為他工作時毫無條理，常被雜亂的事務所阻礙。

這個人總是沒有時間整理一下自己的東西，即使有時間，也不情願、不知道該從何處着手整理自己的事，結果他的工作、生活一團糟，個人辦公室猶如一個小型垃圾堆。

這個人只懂催促員工，不懂管理人事，不知道何謂恰到好

處，更不能以身作則，指導職員做事也要有條理。因此，他的職員們工作時也是同樣混亂不堪、毫無次序，結果在有人監督時，便認真些工作；沒有人在旁時，便敷衍了事。

我還認識上述這名「繁忙商人」的同業競爭者。在那個競爭者的公司裏，所有職員都靜靜地埋頭苦幹，各樣東西都安放得有條不紊，各種事務也安排得井然有序。我從來看不到該名競爭者忙碌的樣子，他做事鎮靜，總是心平氣和。無論誰有甚麼難事找他商談，他總是彬彬有禮。

這名同業競爭者一收到重要信件，就立即回覆，並且把信件整理得井井有條。他每晚放工前都會整理自己的辦公桌。儘管他公司的經營規模比「繁忙商人」要大出數倍，但他管理公司時卻游刃有餘，從來不會慌亂。他那富有條理、講求秩序的作風，也影響到了他的員工。他的每個職員，做起事來也極有次序，絕無雜亂。

因為處理事務有條理，工作有次序，所以他在辦公室裏不會被瑣事圍困，不會浪費時間，辦事效率極高。從這個角度看，有次序的、做事有條理的人，時間一定很充足，他的事業也必能夠依照預定的計劃進行。

那種頭腦混亂、做事沒有條理的人，做甚麼也不會成功。今天的世界是策劃者、思想者的世界，唯有那些辦事有條理、有次序的人，才會成功。

8.3_ 守時

一位大學問家曾說：
「偉人都具備兩大特質，一是守時，二是才能。」
但一個人必須先守時，才能培養出自己的才能。
因為只有珍惜時間的人，才不會浪費時間，
才能有機會鍛煉自己的能力。

　　真正成功的人，一定有守時的好習慣。一個做事不守時、還款常延期、約會常遲到的人，也就毫無信用可言，更不會贏得別人的信任。當然，「不守時」不代表一個人真的「不誠實」，但「不守時」所帶來的負面影響和壞印象，足以令人誠信破產。

　　做任何事，守時都是最重要的。守時的人，無形中就給自己和他人節省了時間。約會、做事守時的人，一定會給自己爭取到更多的機會。每天失去五分鐘，實際是增加了自己遭遇不

幸的機會。拿破崙曾說：「我之所以能夠戰勝奧地利人，這是因為奧地利人不懂五分鐘有何意義。」

有一次，拿破崙請他的部下吃飯，約定時間已經到了，將士們卻一個也沒到，於是他便一個人先吃了。等他吃完飯後，將士們才姍姍來遲，拿破崙便說：「諸位，午飯時間已過，我們快去辦事吧！」有些年輕人之所以失去了很多晉升的機會，就是因為不守時。

剛去世不久的美國工業家、慈善家范德比爾特（Cornelius Vanderbilt），也是一貫守時。有一次，他與一個青年約好早上 10 點在自己的辦公室見面，然後陪那個青年去見一位火車站站長，接洽鐵路上的一個職位。但是青年最終比約定時間晚了 20 分鐘，才來到范德比爾特的辦公室，那時范氏已經去了開會，二人緣慳一面。

過了幾天，年輕人再見到范氏，范氏問他為甚麼那天沒有到，青年竟說：「哎呀，范德比爾特先生，那天我是 10 點 20 分來的。」范德比爾特說：「但約定的時間是 10 點。」青年回嘴：「只遲到了 20 分鐘，有多大關係呢？」范氏嚴肅地說：「誰說沒有關係呢？就像這件事，若你能及時赴約，就可能已經得到了你夢想的職位。因為那天你失約，鐵路部門已接洽了另一個人。你要清楚，能否

準時是一件極其重要的事。另外，你沒有資格不尊重我那 20 分鐘的時間，請不要以為要我等你 20 分鐘，是無關緊要的事情。説句實話，就在那 20 分鐘，我可以安排兩個更重要的約會。」在范德比爾特眼裏，不守時絕對是死罪，是不能寬恕的罪行。

已故的美國銀行家摩根（J.P. Morgan）曾告訴一個朋友，他的每小時價值 1,000 美元。很多青年儘管都認同這句話，但自己還是在虛度光陰。他們不知道，自己的時間其實和摩根先生的一樣珍貴。

做事成功的秘訣，就是養成守時的好習慣，可是一般人的習慣總是一再拖延。英國著名海軍將領奶路臣子爵（Horatio Nelson）曾說：「守時是國王的禮貌、紳士的責任，和商人致富的秘訣。一個人一生的成功，要歸功於他每做一件事，都提早一刻鐘。」請你也及早養成守時的習慣吧。

8.4_ 簡潔

「要簡潔！一切都要簡潔！」

一家大公司把這幾個字鑲在大門口。

這一口號有兩層含義：

第一，辦事要乾脆利落；

第二，乾脆利落是很必要的，

因為那些高談闊論的營商手法已經過時了。

如果一個商人在談生意時，躺在沙發上不慌不忙，天馬行空，卻始終不入正題，可想而知，這樣的商人根本不會在事業上取得成功。現代商務日趨繁忙，所以在談判過程中，一定要針對業務本身簡明道來，萬萬不可囉唆。

那些說話沒有重點、不着邊際的人，是最為可惡的。這樣的人話沒少說，卻抓不住重點，時間一長就會讓人厭倦。因此，喜歡繞來繞去、說話不爽快的人，即使在業務上肯下苦

功，也往往做不成甚麼大事。能成就大事者，無疑都是那些做事爽快、談話簡潔的人。

想要培養做事爽快、說話簡潔的好習慣，非常簡單，只要你有意識地進行訓練，時刻提醒自己做事有條有理、說話扼要易明，久而久之，這種習慣就自然形成了。

我們要判斷一個人處事是否乾脆利落，可以看他的書信風格，人事經理篩選求職者就是一個好例子。許多人之所以謀不到職位，就是因為他們寫不好求職信，內容冗長囉唆，久久都說不出自己的優勢。人事經理一般只花不到一分鐘，去讀一封求職信，並傾向挑選求職信內容簡潔的應徵者進行面試。**儘管人事經理們沒有和那些求職者的真人見過面，但他們深信文筆精煉的人，為人都會較精明能幹。他們才沒有時間去注意那些內容冗長、誇誇其談的求職信。**

不單是求職信，商業信函更要寫得清楚扼要。我們應把每個字都當一塊錢來對待，寫完之後要從頭到尾細心地檢查一遍，把多餘的字刪掉，力求用最簡單的文字，表達出最豐富、完整的意思。一個人一旦學會了簡潔，就不會寫冗長、散漫的信函了。這樣堅持練習下去，就會改進一個人的談吐，甚至思想，整個人的思緒也會變得敏捷起來，不再拖泥帶水。

美國政治家約翰‧傑伊（John Jay）曾說：「我一生人一定要追求到的一種美德，就是簡潔。」

8.5_ 力不虛發

煤可以用來發電，
但只有1%的電能能夠到達家家戶戶，
其餘99%的能量都被耗費在機械和電力運輸上。
這個數字大得驚人，
近代科學家都急切地去想方設法解決這個大問題。

　　一些剛剛步入社會的年輕人，他們相信憑藉一己巨大的精力儲備，一定能做出驚人的成績。他們總認為自己有取之不盡、用之不竭的精力，希望把所有的精力投入到事業中去。他們為自己的年輕而感到自豪，所以無論何時何地，都不懂愛惜自己的身體。他們不知道飲食無度、花天酒地、奢侈、不檢點等習慣，都在摧殘、消耗自己的生命力。要到年華老去，他們才驚覺光陰已一去不復返，並開始反思，追問：「我一生的精力都花到哪裏去了？難道我一生的才幹，都不足以點亮一點火

花嗎？」自己原有的充沛精力，到頭來竟然連照亮自己的光也發不出來，更別說照耀他人了。

那些原本足以讓年輕人成功的力量，就好比煤發電時所產生的能量，都在輸電時消耗盡了。

精力比金錢更為重要，因為錢沒有了可以再賺回來，但精力一旦耗盡，就無法挽回。試問一個人一夜之間揮霍掉千萬錢財，抑或把自己的精力消耗得一乾二淨，兩者相比，哪個損失更為慘重？哪個比較可惜？

大家須知道，精力耗盡的同時，你更可能埋沒了自己一生中最寶貴的東西，這就是人格。

人們通常都是因為憤怒、抱怨、心情不愉快，而消耗了自己的精力，但有些人可以僅為了一些小事，而情緒受到波動，因此我們要時刻控制自己的脾氣。時常發怒的人，只會令自己寶貴的精力更快流失。**有些老闆就是經常大聲責備員工，甚至衝着僱員發脾氣，而失去了僱員對他的好感和尊重，也損耗了自己的精力和自尊。**

還有一部分人，會因為無謂的顧慮、煩惱和不安，而消耗了大部分精力。他們做任何事之前，都總是反覆思量，思忖結果的好壞，結果尚未成就大業，自己的精力已經浪費得差不多了。

你要戒掉所有無謂消耗生命和能力的活動，如果你意識到自己犯了錯誤，就應馬上設法補救和挽回。只要你竭盡全力，就不應再有更多顧慮，而要立刻忘記那件事。不要讓不幸和錯

一生的資本

誤阻礙你前進的步伐，也不要讓曾經遭遇到的不幸和打擊，攪亂自己的心情，更不要讓這些東西消耗你的「生命資本」。

千萬別做任何消耗自己精力、生命的事情，不僅如此，你還要經常問自己：「我做的每一件事，對我的事業有益嗎？我會不會因此成為更有能力、更有精力、更充沛的人嗎？」

如果你想建功立業，出人頭地，就一定要拋棄那些浪費生命和精力的東西。

8.6_　養精蓄銳

如果一個人在精神上沒有「積蓄」，

一旦遭遇失敗，

往往便無法重新振作。

　　太多青年之所以難以應付眼前的事務，就是因為平日沒有積備更多能量、體力、智力，以及處理特殊情況的經驗，其結果必然是失敗。

　　有些人一生庸碌無為，沒有受過太好的教育，其他方面的訓練和知識又不足。他們凡事失敗的主要原因，就在於他們對自己的生命投入太少。沒有辛勞的耕耘，當然也就沒有豐厚的收穫。

　　在我們一生中，總有許多大好機會降臨，一個人能不能抓住這些機會、能不能成功，全取決於他累積的力量是否充足。在我們一生中，貯藏知識是最有價值的事情，學識越多，應變

一生的資本

能力也就越強。

1830 年，美國參議院兩名議員韋伯斯特（Daniel Webster）
與希爾（Robert Y. Hayne）就保護關稅議題進行辯論，這就
是著名的韋伯斯特－希爾辯論（Webster-Hayne debate）。

在投票決議前夕，希爾在議會上作出最後發言，韋伯斯
特感到幾乎難以辯駁，但他必須在翌日上午的會議中作
最後答辯，來不及查找資料或請教其他人。

那個時候，保護關稅議題關係到美國的前途，二人的辯
論備受全國矚目，亦很大程度上影響到其他議員的投票
意向，也就是說，韋伯斯特當時正處於非常重要的時刻。

就在當晚，韋伯斯特在既沒有書籍，也沒有資料之下，
全靠過往博聞強記的知識，以及平時一卷筆錄的札記，
匆忙地寫下一篇演辭，這就是著名的「韋伯斯特演說」，
堪稱「美國國會歷史上最厲害的演說」（the most eloquent
speech ever delivered in Congress）。林肯其後在著名的「蓋
茲堡演說」（Gettysburg Address）中，將政府定義為「民
有、民治、民享」（government of the people, by the people,
for the people），意念便完全是來自韋伯斯特這次的演說。

翌日上午，韋伯斯特在議會上用很充分的理由，完滿地答覆了希爾的質疑，贏得大多數議員的支持。如果平時沒積累大量材料，韋伯斯特怎麼可能在那麼倉促的時間裏，作出如此有力的答辯呢？

你一生人做過最有意義、最有價值的事，就是在事業、體力、精神、道德等方面，積累精力與經驗。如果你想成就一番事業，就必須做好充分的準備，以應付一切可能的變故。以下這段歷史故事，會給我們很大的啓示。在普法戰爭前夕，普魯士的將領老毛奇（Helmuth von Moltke）深謀遠慮，在戰爭前做了充分的準備，待戰爭一爆發，老毛奇便率領普魯士軍隊，很快擊敗了拿破崙三世（Napoléon III）。

在普法戰爭爆發前的 13 年，老毛奇已經準備好了嚴密的作戰計劃。普魯士的軍官都知道老毛奇的訓令，都明瞭在作戰過程中應該採取的行動與策略。戰爭一旦爆發，這些軍官便立刻按照既定部署去執行。

至於往後的作戰計劃，老毛奇都部署得非常詳細，而且目光遠大，據說 1870 年的最後戰略，老毛奇早於 1868 年就擬訂好了，並將自己的計劃及早交給每個將領，以便隨時應變。普魯士的軍隊在老毛奇的指揮下，秩序井然，很少出現差錯。

普魯士全國的每一個司令都有一個密封的信函，內藏戰爭的秘密部署，例如如何調遣軍隊，如何進攻退守等。一旦開戰，他們便可以即時拆開信封，迅速行動。除此之外，作戰的地點也是部署在地理位置和交通最有利的地方，以便作戰。

看看老毛奇的深謀遠慮，再看看法軍的做法，兩者比較之下，高下立見。戰爭開始後，法國將領從前綫發緊急電報給司令部，一會兒說缺少扎營材料，一會兒又說缺乏補給，還報告稱如此惡劣情況，軍隊難以集中精神打仗。由此可見，法軍在調度上比普魯士軍隊要遜色多了。法軍最後戰敗，也是情理之中的事。

須知道一個人想要有豐盛的收穫，就一定要在撒種之前準備充足肥料。生活中有很多人之所以最終一無所成，就是因為對事情沒有充分的準備。他們往往只顧眼前的利益，缺乏長遠打算。他們認為以自己的應變能力，完全可以應付任何事情，於是就不思進取了。

8.7_　少說廢話

一切成就大業者，
必須具備直率、迅速的基礎質素，
對任何事情一定要細心思考，冷靜處理，
既不可馬虎，也不可退讓，
要把事情分析清楚。

　　那些「空閒無事」的人跑來聊天，是那些傑出的商人或工程師最怕的事情。這些無聊的人往往一見面就噓寒問暖地寒暄半天，遲遲不說明自己的來意。

　　當成功的商人談生意時，不用多少工夫，就能把來意說得明明白白；當他把自己所要商談的事情談妥後，便會立刻打住，告辭而去，絕對不會浪費別人一點時間。

　　有些人雖然有極為可取的點子，但由於他們說話囉唆，讓人毫無頭緒，使人再也不想理睬他們。這種人予人的印象不直

率、不迅速，做事也不夠大刀闊斧，只懂計較雞毛蒜皮的事，令任何人都想盡快避開他們。

辦事幹練、精明的人，大都具有迅速、直率的性格。**他們非常珍惜自己寶貴的時間，絕對不願意把一秒光陰耗費在毫無益處的囉唆說話上。**這種惜時如金的精神，也是每一位成功人士所應具備的品質。

很多人之所以失敗，其中一個重要原因就是辦事拖沓，不能迅速完成。因為遲疑不決、優柔寡斷、瞻前顧後，很多天賜良機就此白白錯失了。

很多本來前程無限的律師之所以失敗，就是因為不能直率而迅速地處理事務。美國聯邦最高法院的一位法官說，一件案件的勝負關鍵，往往就在於控辯雙方律師的辯論質素。有些律師可能考慮到案件的重要性，結果出庭時便面面俱到地講了一大堆，還列舉了無數個案例和證據，反而把法官和陪審員攪得頭暈腦脹。他亦由於講多錯多，反而更容易被對方抓住漏洞。須知道直截了當的辯護，才是法官和陪審員最愛聽的話，法庭上根本沒有時間和空間容納一句廢話。

無論你的學識有多深，本領有多大，腦袋有多聰明，都必須迅速果斷地處理事務，這樣才能切中要害，獲得成功。

許多畢業生在獲得學位後，看起來似乎會前程似錦，大有作為，但最終都因為缺乏迅速果斷的性格，而眼白白看着機會一個個溜走。很多人出生於富貴之家，過着優裕的生活，接受良好的教育，親友家長對他們也有很高的期望，但他們就是因

為缺乏迅速果斷的性格，以致無法把握住良機，獲得更好的發展，最後令人非常失望。

美國「百貨商店之父」沃納梅克（John Wanamaker）的合夥人說：「根據沃納梅克的經驗，一般情況下，年輕人最大的弱點就是說話太多。他認為更容易獲得成功的，是那些沉默寡言但能做出實際成績的人。」美國富商老范德比爾特（Cornelius Vanderbilt）也曾對人說過：「我的成功秘訣就是少說話。」

8.8_　珍惜時間

珍惜時間是每個成功人士都必須遵守的法則。

工作緊張的大忙人都希望自己寶貴的時間，

不要損失得太多，

他們都希望那些喜歡聊天的閒人遠離自己，

不要耽誤自己的時間。

　　無論是當老闆還是做僱員，有條不紊的人總能判斷自己的價值，繼而珍惜自己的時間。如果他們聽到別人說很多不必要的廢話，他們會想辦法打完場，或找理由告辭。他們也絕對不會在別人上班時，和別人天馬行空地談一些與工作無關的廢話。他們明白這樣做既妨礙自己，又妨礙他人，更損害了僱主的利益。

　　某位大公司的老總向來就有待客謙恭有禮的美名，每次談妥事情後，他都會很有禮貌地站起來，與他的客人握手，表示

自己十分遺憾，因為沒有更多時間再多談一會兒別的。那些客人對他的誠懇態度都很滿意，也很理解他。

善於應付客人的人，在拿到宴客名單之後，就能估算自己應該騰出多少時間。老羅斯福總統就是這方面的典範：如果有客人純粹為了聯誼而拜訪他，老羅斯福便會在熱情地握手寒暄之後，很遺憾地說自己還有許多公務在身。如此一來，客人就會很簡潔地道明來意，然後很快告辭。

那些在各大企業財團工作的高級職員，以及大銀行、大公司的經理，多年來都學到了這種本領。很多實力雄厚、目光敏銳、深謀遠慮的大企業家，都是以辦事迅速、沉默寡言而著稱的。他們說的話，句句都很準確到位，都有一定目的。他們從來不願意多耗寶貴的時間。當然，有時一個人做事簡捷迅速、斬釘截鐵，可能很容易引起別人不滿，但他們絕對不會記在心裏。他們為了恪守自己的規矩和原則，為了要在事業上有所成就，不得不減少與人的來往。

每個成功人士都具有一種特質，就是無論與誰來往，都能做到簡捷迅速。**一個人如果有意志力遠離那些話多的人，那肯定是因為他真正認識到自己時間的寶貴。**

在美國企業界，能以最短時間產生最大效能的人，首推「金融大王」摩根（J.P. Morgan）。他恪守珍惜時間的原則，招致了許多怨恨，但其實人人都應該把摩根作為這方面的典範，人人都應該具有這種珍惜時間的美德。

晚年的摩根仍然是每天上午 9 點 30 分便進入辦公室，下午

5 點回家。有人曾經估算摩根的收入，達每分鐘 20 美元，即每小時 1,200 美元，但摩根回應稱自己的價值肯定高於此數。因此，除了與生意上有特別重要關係的人商談外，他從來沒有與誰交談超過 5 分鐘。

摩根不像其他商界名人，只和秘書待在一個房間裏工作。他總是在一間很大的辦公室裏，與職員們一起工作。摩根會隨時指揮他手下的員工，去按照他的計劃行事。當你走進他那間辦公室，你在任何一個角落，都會一眼就看到他。如果你沒有重要的事情，他絕對不會歡迎你不請自來。

摩根有極其卓越的判斷力，當你和他說話時，一切轉彎抹角的方法都是沒用的，他能夠立即猜出你的真實意圖。如此卓越的判斷力，為摩根節省了很多寶貴時間。有些人本來就沒有甚麼重要事情需要談，僅僅是想找個人來聊天，因此而耗費了許多人的重要時間。摩根絕對無法容忍這種人。

9

工作向左，生活向右

—

一個年輕人應該要時刻儲備自己的體力和腦力，
如果忽視自己的身心健康，
那麼他無疑是把自己的成功資本輕易地扔到大海去了。

9.1_　鍛煉體魄

要衡量一個人的事業是否成功，
並不是以他的銀行存款為標準，
而在於他怎樣利用自己「內在的資本」，
那就是體魄。

　　體魄包含體力、精力、腦力三方面。體魄是我們一生成功
的「資本」，我們應該盡力阻止自己的「資本」被無端損耗。我
們要以全副精神，好好地運用自己的體力、精力和腦力，以獲
得最大的成功。

　　任何形式的精力耗損，都是一種不可寬恕的犯罪行為。每
個人都應該對此深惡痛絕。一個身體柔弱、被煙酒耗盡精力的
人，其成功機會比那些體格強壯、精神旺盛的人小得多。任何
一個冷靜、執着、有為的人，都會保持自己身體和精神上的種
種力量，他們絕不輕易浪費生命中最寶貴的「資產」。

　　　　　　　　　　　　　　　一生的資本

讓自己精力充沛地工作一小時，永遠比消極頹廢地終日工作好得多，業績也會更好，你會感到勝任自己的工作，你會喜歡自己的工作，你完全不會為了工作而感到艱難和痛苦。你應該要對自己的工作有濃厚的興趣，要下定決心，全力而為，只有這樣，你才會幹勁十足。

如果你能在精力最旺盛的狀態下工作，發揮才能，那肯定會有極大的成就，否則就沒有甚麼成功的機會了。那些一早醒來已經精神頹廢、毫無生氣的人，是最可憐的。這樣的人做甚麼工作，都不可能做出甚麼成績。

有些人的精力，永遠消耗在工作以外的地方。他們以為只有體力消耗，才會使自己勞累，卻不知道煩惱、發怒、恐懼以及其他種種不良的情緒，更會消耗自己的精力。

暴躁易怒、神經過敏、稍有挫折就極度沮喪、略遭困難就異常煩惱，以上幾項，如果你有其中的一項或幾項，就一定要警惕了：成功的「勁敵」正在耗散你的精力，削弱你的生命，暗中向你發動全身猛烈的進攻。

另外，把工作帶回家，利用本應休息的時間工作，也是一種精力損耗。

身體是成就事業的最大資本。如果一個年輕人體格潺弱，未受訓練，卻夢想獲得高位，是不可能的。體力和腦力是每個人最重要的東西，決定了人的精神狀態、生命力和做事的才能。個人成功的秘訣就深藏在自己的腦袋裏、神經裏、肌肉裏、意志裏、決心裏。

一個體育選手必須刻苦耐勞，不分寒暑地進行訓練，並持之以恆，每一天都為自己的榮譽而奮鬥。他們為了做到精神振奮、生氣勃勃、有忍耐力，而時刻竭力克制自我。他們的生活有條有理有規律，對自己的睡眠、飲食、運動都實行嚴格的管理。他們不喝酒，不抽煙，不允許吃有害無益的零食，只吃有益健康的食物。他們花費大量的時間，嚴格地管理自己、訓練自己，目的只有一個：全力以赴參加一次 20 分鐘的競賽。他的榮辱成敗就繫於這短短的 20 分鐘！

有人很不理解，為甚麼要每天早睡早起，弄得滿頭大汗，就為了爭取那 20 分鐘的勝利？但是據我所知，那些競賽者總認為自己的鍛煉還不夠刻苦，自己的準備還不夠充分。

同樣地，從事學術研究的人也不太為人所理解：只要大約地了解各科常識不就已經可以了嗎？有甚麼需要去長年累月研究那些高深的數理、歷史、文學呢？

在很多膚淺的人看來，這種見解一定是對的，但是他們永遠不明白，代表榮譽的獎杯只有經過最激烈的競爭，才能落入自己的手裏。失敗者永遠只會事後孔明地埋怨自己：「早知如此，我便應該早點吃點苦頭、多下些工夫、多訓練自己、多學習一點知識，那麼我便能在關鍵時刻取勝！」

一個渴望成功的人總會不斷思考，怎樣利用自己的才智、精力和體力，才是最有效率的。

那些立志成功的人非常明白，應該把自己的精力全部傾注到事業上，但是在實際工作中，他們仍然不自覺地在毫無意義

一生的資本

的事情上浪費了相當多精力，猶如我們平時用水一樣，一不小心就會浪費很多。

世界上大部分人都在隨時隨地浪費自己的精力，不僅如此，他們甚至連自己的身體健康，也不注意，結果把身體弄得像生了銹的機器一樣。他們損耗腦力的方法更是五花八門，比如發怒、煩躁、苦惱、憂鬱，這些心理造成了腦力的最大消耗。它所損害的生命力與其他的壞習慣比起來，不知道要超出多少倍！

每個精明謹慎的商人，都懂得把每一分錢花在最有效率的地方，但有些人卻把自己一生儲蓄下來的腦力、體力，耗費得一點不剩。**我們經常可以看見一些青年，他們不到 30 歲，就把自己的巨大「資本」揮霍一空，顯得老態龍鍾。他們還憑藉甚麼去做大事呢？**

一個年輕人應該要時刻儲備自己的體力和腦力，如果忽視自己的身心健康，那麼他無疑是把自己的成功資本輕易地扔到大海去了。無論他的志向有多遠大，最後都只能無能為力，無法實現自己的目標。

要在生活的競技場上勝出、達到成功，最有力的方法就是養成有規律的生活習慣。當然，你也不能例外。如果你不能保證自己有充足的睡眠、適量的飲食和充分的運動，那麼你遲早會受到大自然嚴懲。自然定律是無情的，對君王、乞丐都一視同仁，即使你貴為君王，如果違反了祂的法則，也要受到懲罰。

亦有一些人，明知道這樣做會有損健康，依然開足馬力，

工作工作再工作，直到身體「爆炸」才罷休。他們只知道每天都在車軸上滴一些油，以延長使用期限，但他們從不知道要給自己放假，作一次舒服的旅行；他們每天早上要仔細檢查機器、修整一番，然後才啓動開關，但他們卻從不檢查自己的身體，考慮有否足夠休息，便已經上班。這樣做對自己根本沒有好處。

再精良的機器，如果不按時檢查整修，還是會很容易損壞的，甚至縮短壽命。人亦一樣，如果整日埋頭苦幹，過度勞累，等到自己支持不住時才肯罷手，那麼很可能便會一蹶不振，勞損的健康也不可能恢復了。

充足的睡眠、適度的飲食和運動，是給你身體「加油」的最佳方法。你最好能常常到野外去走走，這樣便可使你消耗了的精力、體力迅速復原。如果只知工作而不知保養，你一輩子也休想做出甚麼偉大的事業來。

很多精神病專家說，大腦使用過度是人們自殺的最大原因。當你對任何事情都無法提起精神、沒有興趣，只感覺到身心俱疲、生活乏味，那麼你應該去多睡會兒了，或到鄉間散散步。你可以擠出幾天時間，到鄉間旅行、爬山、游泳，讓那些憂愁苦悶的情緒在不知不覺中消散，讓自己的身心迅速得到恢復。

你應該要珍惜自己，否則，你絕不可能擁有強健的體魄，成就偉大的事業，享受到健康的幸福。

9.2_　身心健康

身心疲憊是一種無法估量的傷害，
對個人與社會都會造成巨大的損失。

　　健康乃生命力的源泉，如果沒有了健康，則效率會銳減，生活也不再有樂趣，生命之光也會黯淡下去。所以，一個人身心皆健康，本身就是一種莫大的幸福。

　　很多接受過高等教育的年輕人，雖然滿腹經綸，擁有一切成功的基礎，但都因為健康出現問題，而不能發揮才華，結果空有遠大的志向卻無法實現。無數的人就是因為身體羸弱，不得已過着鬱悶的生活。

　　每個人都要懂得保持自己身心健康。壯志未酬是人一生中最可惜、最痛苦的事情。許多人就是一開始不知道要保養自己的健康，事業發展才受到限制，為此而傷心失落。

　　一個人如果沒有休息和娛樂，也從不更換工作的內容與環

境，是把全部精力都放在工作上，那麼他的思想就很難活躍。**一個整天埋頭工作、工餘時間幾乎不參加娛樂活動的人，往往會在事業上出現早衰，很難保持對自己工作的興趣。**成就大事不需要一年到尾都埋頭死幹，犧牲與老朋友把酒談歡的時間。

某個大公司的總經理，每天只用兩三個小時辦公，卻成為非常成功的商人。他時常外出旅遊，藉此來整理自己的思想。他也清楚認識到，只有保持健康的身體，才可以用最好的精神狀態來應付工作，因此他在工作上精力集中，效率極高，很少失誤。他兩三個小時的工作量，便能超過普通人一天的工作成果。如果一個人不斷消耗自己的體力和精力，當意外發生時，他便無力抵抗，只能束手就擒。一個身體健康的人，體內儲藏着極大的能量，能夠抵抗各種疾病的侵襲。

「只工作不休息，傑克也會變成笨小孩。」（All work and no play makes Jack a dull boy.）這句格言在美國非常流行，說明了休息玩樂的重要性。在人類的天性中，就有玩樂的一面，所以玩樂對所有人來說，都是不可或缺的。**可是現在有不少僱主，他們不懂這個道理。他們不知道適當的休息時間，能夠促進員工的身心健康，提高工作效率。他們只是一味逼迫員工整日埋頭工作，結果適得其反。**

不少人為了工作，甚至破壞一切健康的規則，迫自己用一

天的時間，來做完兩三天的工作；迫自己三餐併作一餐，還傻傻地以為可以苦盡甘來，只要未來補回休息、服食保健食品，甚至一邊透支健康，一邊請醫生診治，便可恢復魄力，結果弄得胃病、失眠、癲狂、神經衰弱等疾病接踵而至。在大自然的規則面前，甚麼也休想蒙混過關，這種做法實在是太愚蠢了！

　　一個身體健康的人，其才幹與能力要勝過十個體弱者，所以我們需要有規律的、均衡的生活，以保健全的身心。

9.3_ 控制情緒

那些真正傑出的人物，
都能成為自己的主人，
控制自己的情緒。

　　善於管理自己情緒的人，都富有「化學家」的心靈。他們
如同化學家一般，懂得利用「鹼性中和酸性」，替自己消除憂
慮，解除煩悶。

　　化學家們都知道各種酸性化學品的特性，以及與其他化
合物溶合後產生的作用。不懂化學的人就不明白「中和」的道
理，將酸性液體錯誤地溶入其他酸性液體裏，不僅不能中和，
反而引發更劇烈的爆炸。

　　因此，一個具有「化學家」心靈的人，他們便懂得利用快
樂去「中和」沮喪、憂鬱，用和諧去解除偏激，用樂觀去消滅
悲觀，用友愛去驅走仇恨。由於他們懂得種種消除憂慮、解除

煩悶的方法，善於管理自己的情緒，心靈上便不會遭受種種痛苦。

很多人不懂得心靈上的「化學原理」，不知如何消除自己思想上的苦悶和煩惱。**任何人都會遭遇到心靈上的苦悶，但都要給自己一個期限，不能過分沉溺在負面情緒之中。**你應該用理智來開導自己，用適當的方法和技巧，來解除心靈上的各種苦悶。

大部分人認為只要把惡念驅除，就可以了，但他們不知道，用善美的思想來趕走惡念，更為有效。心中充滿悲觀、偏激、仇恨時，只要立刻轉到相反的一面，便會擁有樂觀、和諧、友愛，猶如把水龍頭轉到另一方向，冷水便會立刻變成熱水一樣。

如果你想驅逐室內的黑暗，只要推開窗，讓光亮透進來，黑暗便會自然消失。

人的身體由腦細胞、骨細胞、肌肉細胞等多種不同的細胞組成，而每一個細胞都會彼此牽連着，互有關係：傷害一個細胞，就會同時影響到另一個細胞；一個細胞健康，另一個細胞也會得益。

有生理學家的實驗已經證明，人的思想與每個細胞的健康都有密切關係，換言之，一切邪惡的思想皆有損於人體細胞，影響我們的健康。由於憤怒而導致的神經系統受傷，有時需要費上數星期才能恢復。無數的實驗亦證明，一切健全、愉悅、和諧、友愛的思想，都有助增進細胞活力，能夠促進身體健康。負責有關實驗的教授表示：「良好的情感對人有着全面的

正面影響。不良的情緒對於人體有着極大的副作用。腦中的每一個思想，都會更改每一個細胞組織，而且這些更改是永久的。」

　　一個人一旦有了健康的、真實的、美滿的、樂觀的思想，那些不健康的、污濁的、鄙陋的思想便會無法立足，偏激、悲觀、不和諧等思想上的病症，也會得到痊癒。

遠離煩惱

　　沒有人會毫無煩惱。為了擺脫這個使人心靈沉重的惡魔，許多人會抽煙喝酒，最後變成了醉漢、煙鬼，甚至因此而喪命。

　　無數人的傷心、失望和失敗，都因煩惱而起，煩惱給個人和社會所造成的損失，是難以估計的。很多天才因為煩惱，而從事極為平庸的工作。如果把所有的精力都浪費在煩惱上，就不可能讓他的能力得到淋漓盡致的發揮。

　　煩惱會消耗人的精力，消磨人的志向，削弱人的力量，進而損害人的健康。一個商店的員工，假若今天偷一點錢，明天偷一點東西，長此下去，便會為自己的行為而自責，煩惱便會開始日夜掠奪他的體力，消耗他的精力，摧殘、打擊他的精神。煩惱不會改善人的際遇，不會使人獲益，只會降低人的工作效率。

一個人的工作效率會明顯地受到煩惱所影響。因為煩惱會使人失去全盤思考問題、合理規劃的能力，所以當一個人思想混亂、身處煩惱狀態的時候，絕不可能出色地完成工作。

　　許多母親把憤怒發洩在孩子身上，比日常工作耗費的精力還多；她們常常很疲勞，卻不知道自己浪費了很多精力。

　　煩惱讓人的心情變得暗淡，它就像一把無情的鑿子，在人的臉上鑿出條條皺紋，給人蒼老的容顏。我曾見過一個人，因為接連幾星期的煩惱，面容憔悴不堪，好像變了一個人似的。人若是長期陷入煩惱之中，精神很容易受損。有些人還很年輕，就開始衰老了，不是因為工作勞累，而是因為易怒。憤怒導致他的家庭不和諧，也加速了人的衰老。

　　人在生病時容易自尋煩惱。那些身體很棒的人，從來沒有煩惱，因為胃口好、睡眠足，所以精神都較爽利，煩惱都易消除。經常保持愉悅的心情，不去想生活中的不幸，這是驅除煩惱的最好方法。

　　有些婦女為了顯得年輕一些，試盡美容，按摩、電療等各種偏方。**其實青春常駐最好的方法就是保持心情愉快，開心豁達。**如果為了自己的皺紋而終日煩惱，結果只會變得越來越老。

　　當恐懼、憂慮侵入時，你應該用勇敢、希望、自信把它們趕走。你用希望去替代失望，用勇敢去替代沮喪，用樂觀去替代悲觀，用寧靜去替代煩躁，用愉快去替代鬱悶，使煩惱無處藏身。做到如此，你便能不用去醫院，不用找醫生，也能自己解決煩惱。

9.4_ 「美」的教育

打從小時候，
人就應該培養愛美的習慣、良好的性格、
高尚的情操、高雅的氣質，
和敏銳的感覺。

　　培養對美的鑒賞力，是一項最有價值的投資。審美眼光能給我們一個彩虹般的美麗世界，讓我們快樂。愛美不但可以給人帶來快樂，還能提高我們的工作效率。

　　只需靠眼睛和耳朵，我們就能培養出高尚的品格。我們用眼睛和耳朵去感受世界，比如大自然中的鳥唱蟲鳴、潺潺溪水、呼嘯風聲、芬芳花草，以及那些數之不盡的美景。一個人不能用感官去體驗、感受大自然，愛美的天性就得不到啓發。沒有「愛美」之心，生命將枯燥無味，人也會變得粗魯、缺乏吸引力。

一個愛美的人，從他的言談舉止中就能看出他美好的思想。這樣的人不但會成為一個合格的工匠，還能成為出色的藝術家。美可以陶冶性情、養育品格。**讓一個孩子生活在只知金錢而不懂審美的世界裏，是非常不幸的，這樣不僅會使孩子變得唯利是圖，更談不上變得品格高尚。**

　　人的性格很難受到別的東西影響，卻容易受自然風景、美麗花卉所薰陶，因此，愛美在人類的生活中，佔有很重要的位置。愛美的習慣可以激發、點綴、豐富我們的生命，使我們更加完美。懂得享受自然美，是養成高貴人格最重要的一條途徑。

　　我們不能為了追求金錢，而丟掉生命中最高貴、最美麗的東西 ——「美」。美可以激發我們內心深處的力量，清醒我們的頭腦，恢復我們的精力，促進我們的身心健康。我們應該讓「美」貫穿我們的生命。

　　父母應該要了解，幼年孩子的精神特別敏感，一幅畫都能夠輕易影響孩子的品格，所以父母要盡力開發、培養孩子的審美能力，讓他們去聽美妙的音樂，朗誦優美的詩歌，閱讀富有感染力的著作，使他們受到藝術的薰陶。

　　不過，最重要的「美的教育」還是美麗心靈的培育，因此我們還須努力培養小孩和善、友愛、大公無私的精神。

　　培養美麗的心靈、愛美的情操，與審美的能力，跟學習其他知識一樣重要。學校和家庭都要把「美」作為神聖的教育工具，要教導孩子們去認識美，讓孩子們認為美是生命中最高

貴、最重要的內容。

　　每個人都應該從小就去培養愛美的能力，那是誰也無法剝奪的財富。如果你接受過美的教育，那麼你應該為之慶幸，因為你已經擁有一件無價之寶。

9.5_　心中充滿愛

人的感受有如潮起潮落，
是會隨着思想而改變的，
因此人們時而喜悅，
時而悲傷。

　　我們的心靈主宰着自己的思想。心靈的意象就刻畫在人的生命裏、品格上。在生活中，人們不斷地把心靈的意象變成現實。心靈影響着我們方方面面的生活。

　　我們要保持身心的和諧健康，驅散那些降低我們效率、破壞我們心境的不良情緒，這關係到我們的前途。我們寧可被竊賊盜去錢財，也絕不允許混亂、軟弱、恐懼、嫉妒侵入腦海，竊去我們心中的和諧、快樂和幸福。

　　人的面容能反映自己的思想。當一個人遭遇打擊，或經濟上蒙受損失時，他會愁眉緊鎖。一個人若充滿了恐懼、懷疑、

絕望，他就難以走出悲愁與痛苦的困境；但他如果抱有樂觀的態度，心靈的陰霾就會被陽光驅散。

每個人的世界都是自己的傑作。不同的思想會產生不同的影響。樂觀、積極的思想會令人健康興奮，像一股歡樂的清泉，流遍我們的全身，給我們帶來嶄新的希望、勇氣和細膩的生活品味。

能夠保持思想積極向上的人，一定懂得用希望代替絕望，用堅韌代替膽怯，用決心代替猶豫，用樂觀代替悲觀。一定不要讓病態的、不和諧的思想侵入你的心靈。一個人如果內心充滿了積極的思想，一定能驅走心靈的「敵人」。

要驅除心靈中深藏的「仇敵」，必須要持之以恆，堅持不懈。缺少決心和毅力，只會一事難成。你要時刻告誡自己：「我一定要趕走仇恨、殘暴、沮喪、自私的思想，它們會奪走我的快樂，削弱我的才能，毀掉我的前程。」

如果人人都能保持天真歡樂的情緒，讓心靈不受傷害，那麼一切具破壞性的、腐蝕性的思想都會離你而去，你就會免受許多不必要的痛苦。事實證明，幾小時內因悲傷所消耗的精力，比做幾個星期的苦工消耗的還多。

我們受到愛、仁慈和善良思想的養育，獲得高尚的情操，為我們帶來和諧與健康。

我們兒時赤足走在小路上，都會小心避開尖石。仇恨、妒忌、自私就是思想的「尖石」，會傷害我們的身體和心靈，所以我們一定要盡力驅除心靈的「敵人」，歡迎心靈的「朋友」！

一生的資本
Lifelong Capital

責任編輯　　林于鈴
裝幀設計　　曾泳貞
排　　版　　黎品先
印　　務　　劉漢舉

著者 ———— （美）奧里森·馬登 Orison Marden

譯者 ———— 路小嘉

出版 ———— 非凡出版
　　　　　　香港北角英皇道 499 號北角工業大廈一樓 B
　　　　　　電話：(852) 2137 2338
　　　　　　傳真：(852) 2713 8202
　　　　　　電子郵件：info@chunghwabook.com.hk
　　　　　　網址：http://www.chunghwabook.com.hk

發行 ———— 香港聯合書刊物流有限公司
　　　　　　香港新界大埔汀麗路 36 號 中華商務印刷大廈 3 字樓
　　　　　　電話：(852) 2150 2100
　　　　　　傳真：(852) 2407 3062
　　　　　　電子郵件：info@suplogistics.com.hk

印刷 ———— 美雅印刷製本有限公司
　　　　　　香港觀塘榮業街 6 號 海濱工業大廈 4 樓 A 室

版次 ———— 2015 年 9 月初版
　　　　　　2016 年 7 月第 2 次印刷
　　　　　　© 2015 2016 非凡出版

規格 ———— 大 32 開 (208 mm × 142 mm)

ISBN ———— 978-988-8366-53-8